LE SOCIALISME

VOILA L'ENNEMI !

ABBEVILLE (Somme)

C. PAILLART, IMPRIMEUR-ÉDITEUR

LE SOCIALISME

VOILA L'ENNEMI !

A LA SOCIALE

VINS

LIQUEURS

Viens donc un peu là, Eh ! FEIGNANT ! j'vas t'apprendre
c'que c'est qu'la SOCIALE.

ABBEVILLE (Somme)
C. PAILLART, IMPRIMEUR-ÉDITEUR

AU LECTEUR

« Les feuilles illustrées que vous venez de
« faire paraître sur les **Objections** et le
« **Socialisme**, sont un des plus efficaces
« instruments de l'apostolat chrétien que
« vous poursuivez avec une ardeur que rien
« ne fatigue. »

C'est par ces paroles si encourageantes et si
précieuses pour nous que Mgr Renou avant de
quitter le diocèse d'Amiens daignait saluer
cette publication nouvelle sur le **Socialisme**.

La mauvaise foi, les erreurs et les mensonges
accumulés à dessein et présentés à plaisir,
viennent chaque matin par les organes de la
presse socialiste, radicale ou franc-maçonne
tromper et corrompre les ouvriers. Des meneurs intelligents et ambitieux, qui attendent

des troubles et de la misère du peuple le triomphe de leur haine ou le succès de leur ambition, se font des ruines amoncelées par eux un marchepied pour se grandir, un piédestal pour s'élever.

Le peuple, le vrai peuple de France, dont le cœur bat toujours aux grands mots d'honneur et de liberté, indignement trompé courbe devant ces malandrins qui l'exploitent un front qui ne s'incline plus devant Dieu.

Allons à ce peuple égaré mais sincère et loyal, montrons-lui qu'on se moque de sa bonté, qu'on rit de sa misère, qu'on exploite son ignorance, qu'on se joue de sa loyauté.

Tel est le but de ces feuilles sur le **Socialisme**. Il suffit d'ouvrir les yeux pour juger de leur actualité, il suffit d'écouter le torrent qui gronde et menace la société tout entière, pour apprécier leur opportunité ; puissent-elles être répandues avec profusion dans tous les milieux ouvriers ; puissent les intéressés, en lisant ces pages, discerner la vérité de l'erreur et voir à l'évidence du bon sens et de la raison qu'il n'est ni bonheur, ni salut pour l'ouvrier en dehors de l'honneur et du devoir, et qu'il ne trouvera ni le calme du cœur ni l'oubli de ses misères en dehors de Jésus-Christ et de son Evangile.

C. PAILLART,

*Editeur des Feuilles illustrées
de Propagande catholique.*

TABLE

« Moi... je suis socialiste

Une réunion socialiste.

Un ancien ouvrier, nommé Bruker, assistait en 1848 à une grande réunion socialiste convoquée dans l'un des faubourgs de Paris : « J'entends, s'écrie-t-il, qu'on se plaint, et l'on a raison. Oui, le véritable ouvrier n'est pas traité comme il le mérite... »

A ces mots éclate une triple salve d'applaudissements.

Bruker reprend : « N'applaudissez pas si vite, laissez-moi achever. Il n'y a qu'un seul ouvrier, c'est celui qui a fait tous les autres... C'est Dieu ! Nous ne faisons que copier ses œuvres... En voilà un qui travaille plus et mieux que vous. Et cependant quand son Dimanche arrive, et qu'il vous demande quelques prières pour lui, le repos pour vous, vous le repoussez, vous *retenez son salaire* et vous lui criez : « Va ! je ne te connais pas ! Tu n'auras rien, si ce n'est des blasphèmes et des moqueries. » Et vous vous plaignez qu'on vous exploite ! Ah ! qui vous a jamais traités comme vous traitez Dieu. »

La salle éclate de nouveau en applaudissements frénétiques.

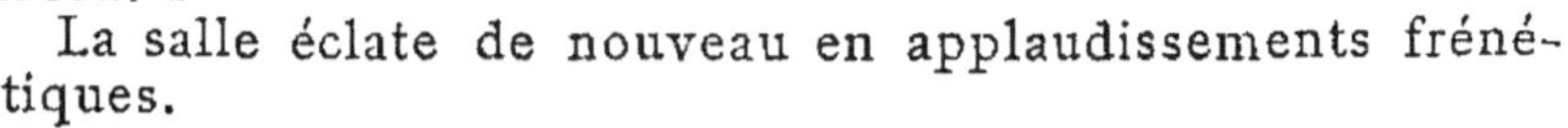

Que disent les socialistes ?

D'après sa doctrine le Socialisme est :
Une *hérésie* pire que le Protestantisme ;

N° **151.**

Une *immoralité* plus abominable que celle des Turcs ;

Un *fléau* pour l'Etat et pour la Société.

Pourquoi appelez-vous le Socialisme « une hérésie ? »

Parce qu'il nie toutes les vérités que Dieu a révélées et que la sainte Eglise nous propose à croire.

Il nie l'existence de Dieu : *Ni Dieu, ni Maître,* telle est la devise des socialistes.

Il nie la Divinité de Notre-Seigneur Jésus-Christ ;

Il nie l'absolue nécessité de l'Eglise catholique ;

Il nie l'utilité et l'indissolubilité du mariage ;

Il nie l'immortalité de l'âme, etc.

Comment le Socialisme est-il une immoralité ?

Le Socialisme est immoral, parce qu'il veut *abolir la propriété* et le septième commandement de Dieu, qui dit : Tu ne voleras point.

Le Socialisme est immoral, parce qu'il *abolit le mariage,* qui est d'institution divine. D'après les socialistes, les deux sexes peuvent vivre ensemble à la façon des animaux dépourvus de raison.

Le Socialisme est immoral, parce qu'il prétend *détruire la Famille* et l'autorité paternelle, qui viennent de Dieu. D'après les socialistes, l'enfant, dès qu'il peut se passer des soins maternels, n'appartient plus à ses parents, mais à l'Etat et aux fonctionnaires civils.

Comment le Socialisme est-il devenu un fléau pour l'Etat et pour la Société ?

Parce qu'on a enlevé au peuple la religion, le seul frein capable d'arrêter efficacement les progrès de tout mal moral ;

Parce que, dès l'origine, on n'a pas étouffé les doctrines impies et immorales du Socialisme;

Parce que beaucoup de riches et de maîtres n'ont pas assez observé envers les pauvres et les ouvriers le grand commandement de l'amour du prochain.

Les fauteurs du Socialisme ne rendront-ils pas le peuple riche et heureux ?

Non, ils ne le peuvent pas ; ils n'y songent même pas ; ce qu'ils cherchent uniquement, ce sont leurs propres intérêts.

Tout le monde ne peut-il pas être également riche ?

Non, pas plus que tous les hommes ne peuvent avoir le même âge, la même force physique, la même intelligence, la même activité, la même économie.

Est-il permis d'être membre d'un cercle socialiste ?

Non.

Est-il jamais permis de voter pour les Socialistes en temps d'élections ?

Non, jamais.

N'est-il pas possible d'être en même temps chrétien-catholique et socialiste ?

Non, pas plus qu'il n'est possible d'être en même temps catholique et protestant.

Pourtant parmi les socialistes il y a de braves gens ?

Oui, mais ce sont des gens trompés par les chefs socialistes et qui ne savent où l'on veut les mener. C'est ainsi que dans toute fausse religion il y a d'honnêtes gens et des enfants innocents.

Les socialistes ont-ils donc tort en tout ?

Ils n'ont pas tort en ce qu'ils disent que le sort de la classe ouvrière doit être amélioré. Mais le pape même le déclare ; tous les bons catholiques le disent, et ils font plus : *ils travaillent à l'améliorer.*

Les socialistes font *le contraire en excitant des grèves,* des émeutes, etc.

D'où pouvons-nous attendre le salut de la société ?

Uniquement de notre Sauveur Jésus-Christ, dont saint Pierre a dit : Il n'est pas de salut hors de Jésus, (Act., 4, 12.) Mais Jésus ne nous sauvera que par le moyen de son Eglise catholique.

Condamnation du Socialisme.

Les socialistes poussent à la haine jalouse des pauvres contre ceux qui possèdent, et prétendent que toute propriété de biens privés doit être supprimée, que les biens d'un chacun doivent être communs à tous et que leur administration doit revenir aux municipalités ou à l'Etat.

Moyennant cette translation des propriétés et cette égale répartition entre citoyens des richesses et de leurs commodités, ils se flattent

de porter un remède efficace aux maux pré-
sents.

Pareille théorie, loin d'être capable de mettre
fin au conflit, ferait *tort à l'ouvrier* si elle était
mise en pratique. D'ailleurs elle est *souverai-
nement injuste,* en ce qu'elle viole les droits
légitimes des propriétaires, qu'elle dénature
les fonctions de l'Etat et tend à bouleverser de
fond en comble l'édifice social.

Le Pape Léon XIII.

Une organisation socialiste.

Voici, d'après le *Journal d'un Ouvrier*, par
Richter, le tableau d'une organisation socialiste
et de ses conséquences. Nous copions textuel-
lement :

Conformément à la loi nouvelle, le gouvernement ordonne à tous les individus, hommes,
femmes, de vingt-et-un à soixante-cinq ans, de
faire choix d'une profession dans les trois jours.

On rappelle expressément aux femmes et aux
jeunes filles qu'à partir de leur entrée dans les
ateliers nationaux, elles seront libérées dans
leurs propres ménages du soin des enfants, de
la préparation des repas, du soin des malades
et du blanchissage du linge.

Plus de famille.

Tous les enfants seront gardés dans des salles
d'asile et dans des maisons d'éducation nationales.

Dans la nouvelle société, le mariage est une
relation purement privée, comme *Bebel* l'a
montré dans son livre sur la femme. Tous les

mariages peuvent tour à tour être conclus et dissous sans l'intervention d'un fonctionnaire quelconque. Le gouvernement n'est donc pas en situation de savoir qui est marié.

Dans une organisation méthodique de la production et de la consommation, la cohabitation des époux ne peut que dépendre du lieu où ils travaillent : le contraire serait impossible, car l'organisation du travail ne peut tenir compte de relations privées, toujours révocables.

En principe, pour éviter que les mères n'accordent de préférences à leurs propres enfants et que les autres mères ne soient jalouses, on ne met les femmes comme gardes que dans les établissements où ne se trouvent pas leurs enfants.

Désorganisation du travail.

La durée du travail sera la même, dans toutes les professions, pour tout le monde, hommes, femmes, soit dans les ateliers nationaux, soit dans les autres services publics, elle est fixée jusqu'à nouvel ordre à *huit heures* par jour.

A Berlin, il s'est présenté comme chasseurs plus de gens qu'il n'y a de *lièvres* dans un rayon de dix milles autour de la ville.

D'après la proportion des demandes, le gouvernement pourrait mettre un portier à chaque porte, un forestier à côté de chaque arbre, un écuyer auprès de chaque cheval.

Les bonnes d'enfant sont beaucoup plus nombreuses que les filles de cuisine, les cochers beaucoup plus nombreux que les garçons d'écurie. Marchands et marchandes affluent ; il y a une quantité *sans égale* de surveillants, de contrôleurs, d'inspecteurs, bref, de représentants du pouvoir. Mais les demandes sont rares pour le rude et pénible travail des paveurs, des chauffeurs, et en général pour les travaux du feu. Il s'est trouvé encore moins d'amateurs pour le *curage des égoûts*.

La conséquence est que le gouvernement est *obligé de tirer au sort un grand nombre d'emplois !!!*...

Plus de propriété.

Tout le numéraire a été confisqué ; les particuliers reçoivent en échange des traites sur l'Etat. On remet à chaque travailleur, tous les quinze jours, un certificat qui porte son nom et sa photographie.

Les coupons qu'il renferme ne peuvent être cédés à des tiers, on ne peut même pas les accumuler au delà de 60 marks ; grâce à ces précautions sévères, *il est impossible que le capital se reconstitue.*

Au restaurant... socialiste.

Les cuisines nationales ont été établies dans les plus belles maisons de Berlin. Les salles sont incessamment parcourues par des *agents de police* qui veillent à ce que chaque pensionnaire prenne place *à l'heure* qui lui a été assignée et ne *s'attarde* pas au delà du temps fixé.

L'esclavage.

Il ne saurait être question pour chacun de dresser son menu. On avait essayé au début de laisser le choix entre différents plats indiqués sur la carte, mais les derniers venus se sont plaints de ne plus trouver, la plupart du temps, ce qu'ils auraient préféré ! Désormais la *qualité* et la *quantité* sont les mêmes pour tous, hommes et femmes. On est *obligé* de consommer sur place.

Les résultats.

On parle d'émigration en masse, surtout d'architectes, d'ingénieurs, de chimistes, de médecins, de modeleurs, de contre-maîtres qui ne peuvent *se résigner* à recevoir le salaire de *simples ouvriers*.

Il a fallu établir un cordon de soldats afin d'arrêter les tentatives de fuite ! ! !

Journal d'un ouvrier, par E. RICHTER.

Les désabusés.

Pourquoi ne peuvent-ils pas nous entendre tant de pauvres ouvriers français, égarés par une propagande sans moralité, aigris par des souffrances trop réelles.

Ils n'entendent guère que des paroles de haine et d'impiété ; la voix de la justice du patriotisme est la seule qui n'arrive pas jusqu'à eux.

Que lisent-ils presque tous ? — Des journaux où les blasphèmes les plus grossiers alternent avec des immoralités les plus révoltantes.

Que faut-il pour améliorer leur sort ?

Ecouter la voix de Léon XIII et revenir à la pratique de notre sainte religion.

L'Ami du Peuple.

Abbeville. — Imprimerie C. Paillart.

Le patron, voilà l'ennemi !

En voilà un qui aime l'ouvrier !

Un ami de l'ouvrier.

M. Dutilleul fut un de ces apôtres du peuple dont Pie IX et Léon XIII ont dit : « Ils n'agitent pas, mais ils agissent. » Il fut un de ces patrons catholiques du Nord, dont on a pu écrire qu'ils ont deviné et observé les enseignements de l'Encyclique : *de Conditione opificum*, même avant son existence. Certes M. Dutilleul est loin d'avoir été le seul à mériter cette louange ; mais on peut impunément louer les morts.

Ah ! disait un de ses ouvriers, *si tous les patrons étaient comme celui-là, il n'y aurait plus de malheureux. M. Dutilleul, en v'la un qui aime l'ouvrier !... aussi faudrait pas qu'on lui dise que que chose devant nous !* (sic).

Après avoir fondé ses *Sociétés de vingt*, ce patron chrétien passait, chaque lundi, entre huit et dix heures du soir, dans un certain nombre d'estaminets ; il en visitait une demi-douzaine, distribuant là aussi de chaudes. poignées de main et des paroles amicales ; ne payant jamais le moindre *canon*, pour ne pas être accueilli comme un donneur d'eau bénite de cabaret ; mais ayant soin d'insinuer en toutes ces âmes du courage, de saines doctrines politiques, sociales, et peu à peu des pensées chrétiennes.

N° **152.**

Au cabaret socialiste.

L'AMI DU PEUPLE.
JOSEPH, *socialiste*.
LÉON, *ouvrier*.

L'AMI DU PEUPLE. Vous chantiez, mes amis, quand je suis entré. Peut-on voir la chanson nouvelle ?

JOSEPH. Certainement, ami ; la voici : *La Carmagnole du Parti ouvrier*.

L'AMI DU PEUPLE. Je la connais, cette chanson. Je l'ai lue dans l'*Almanach du Parti ouvrier* pour 1892, et je m'étonne que d'honnêtes travailleurs comme vous se permettent de la chanter.

LÉON. Pourquoi ?

L'AMI DU PEUPLE. Parce qu'il y a dans cette chanson des mots que d'honnêtes gens ne doivent pas prononcer.

JOSEPH Allons donc !

L'AMI DU PEUPLE. Tenez dans le troisième couplet, quatrième et cinquième vers :

> Le capital à tous
> Et les patrons au mur !

Savez-vous ce que ça veut dire ?

LÉON. Oui ; mais rassurez-vous : nous n'avons pas l'intention de fusiller nos patrons. C'est une manière de dire : *le patron, voilà l'ennemi.*

L'AMI DU PEUPLE. C'est une formule nouvelle. Est-ce que vous l'appliquez à tous les patrons, quels qu'ils soient ?

LÉON. Oui. Par le seul fait qu'ils sont *patrons*, tous les patrons sont suspects aux ouvriers.

L'AMI DU PEUPLE. Il me semble que vous êtes dans l'erreur sur ce point comme sur beaucoup d'autres. Qu'entendez-vous par le mot de patron ?

JOSEPH. Un patron, c'est *un homme riche qui fait travailler des hommes pauvres pour devenir plus riche encore.*

L'AMI DU PEUPLE. Ce n'est pas tout à fait ça. Moi je dis : un patron, c'est *un homme qui possède et met en œuvre le talent et les capitaux nécessaires pour exercer une industrie.*

LÉON. C'est la même chose.

L'AMI DU PEUPLE. Nous verrons bien. Dites-moi : avez-vous remarqué parfois ces braves gens, hommes, femmes, jeunes filles, vieillards, qui, la hotte au dos ou la brouette devant eux, sont obligés de faire une longue et pénible route, pour venir de la campagne chercher ou rapporter à l'usine un travail qui leur fait gagner bien peu ?

JOSEPH. Ah ! oui, trop peu. C'est une honte de donner à ces malheureux moins de vingt sous à gagner par jour, alors qu'ils font une besogne de galériens, tandis que les patrons regorgent d'or.

L'AMI DU PEUPLE. Allons !... du calme, Joseph, raisonnons froidement. Pourquoi ces pauvres tisserands de la campagne sont-ils obligés de venir chercher à la ville un travail si peu rémunérateur ?

JOSEPH. Parbleu, c'est parce qu'ils n'ont pas d'usines chez eux.

L'AMI DU PEUPLE. Et pourquoi n'ont-ils pas d'usines chez eux ?

JOSEPH. C'est parce qu'il ne s'y trouve personne capable d'en établir.

L'AMI DU PEUPLE. Et que manque-t-il aux personnes qui pourraient avoir la pensée d'établir des usines à la portée des tisserands de la campagne ?

JOSEPH. De l'argent sans doute.

LÉON. De l'argent, de l'initiative et des connaissances spéciales. Je vois où vous allez en venir.

L'AMI DU PEUPLE. Puisque vous le voyez, je ne vais pas plus loin et je conclus que si ces travailleurs infortunés, les plus à plaindre de tous les ouvriers, sont réduits à une si misérable condition, c'est parce qu'il ne se rencontre pas chez eux *un homme ayant un capital suffisant pour fonder une usine et les aptitudes voulues pour la diriger, c'est-à-dire un patron.* Et si un jour cet homme se rencontre, s'il fournit un travail plus avantageux aux ouvriers qui l'entourent, vous oseriez dire que cet homme devenu patron est l'ennemi dont il faut se défier et qu'il faut combattre ! Je dis, moi, que cet homme, ce patron, c'est le bienfaiteur et le père du peuple.

Mauvais patrons.

JOSEPH. A la condition qu'il ne change pas sa fabrique en bagne et ses employés en gardes-chiourmes.

L'AMI DU PEUPLE. D'accord ; mais je constate que, s'il le faisait, le patron deviendrait un *mauvais patron*. Vous reconnaissez donc qu'il peut y avoir de bons et de mauvais patrons, et que tout patron n'est pas l'ennemi par le seul fait d'être patron ?

LÉON. Soit. Mais il y en a bien peu de bons.

L'AMI DU PEUPLE. Je flétris plus énergiquement que vous peut-être le patron indigne. Il y en a qui gagnent des sommes colossales, accumulent une fortune scandaleuse et mènent une vie d'orgies, tout en donnant à leurs ouvriers un salaire insuffisant pour les faire vivre, eux, leurs femmes et leurs enfants ; il y en a qui tolèrent que leurs usines soient transformées en mauvais lieux, où la femme, la jeune fille, l'enfant sont flétris dès qu'ils y paraissent ; il y en a qui donnent eux-mêmes l'exemple de l'inconduite à leurs ouvriers et ouvrières, et qui ne rougissent pas de se servir de l'autorité patronale pour séduire et pour corrompre ; il y en a qui attentent à la liberté de conscience de leurs ouvriers en les détournant de leurs devoirs religieux, en se moquant de ceux qui les remplissent, en les privant du repos dominical ; il y en a qui, pour satisfaire leurs ambitions politiques, méconnaissent dans leurs ouvriers les droits imprescriptibles du citoyen, qui imposent le bulletin de vote sous peine de renvoi, qui exécutent impitoyablement les ouvriers coupables, ou simplement suspects de vouloir rester libres, et qui, non contents d'avoir chassé de chez eux les ouvriers rebelles à leur despotisme, les traquent de ville en ville pour les empêcher de trouver ailleurs du pain à manger.

Il y a de ces patrons, et je déclare hautement que je n'ai pour eux que du mépris. Leur position sociale, leur instruction, leur éducation devraient faire d'eux les agents de la justice et de l'humanité, et ils se font les propagateurs du vice et les oppresseurs du peuple. Ils déshonorent, ils avilissent, ils tuent des milliers d'âmes ; ils préparent et justifient d'avance tous les excès des vengeances populaires.

LÉON. Bravo ! Voilà qui est vrai !...

Patrons chrétiens.

L'AMI DU PEUPLE. Heureusement, il y a fort peu de patrons semblables.

JOSEPH. Vous croyez ?

L'AMI DU PEUPLE. J'en suis sûr. Je connais un grand nombre d'industriels qui remplissent admirablement leurs devoirs professionnels et sociaux. Riches, ils pourraient se contenter de la fortune qu'ils possèdent et jouir en égoïstes et en désœuvrés de tous les charmes de la vie ; mais ils préfèrent travailler, se donner beaucoup de tracas et d'ennuis, afin de procurer de l'ouvrage à une foule d'ouvriers qui sans eux resteraient sur le pavé. Ce ne sont pas ces patrons qui retiendraient à l'ouvrier le salaire qui lui est dû. Bien loin de là, ils prélèvent sur leurs bénéfices légitimes des sommes considérables qu'ils consacrent à bâtir des maisons ouvrières, à fonder des caisses de retraites, des hospices, des crèches, des asiles, des écoles, des églises, des cercles, des économats populaires, une foule d'institutions utiles ou agréables pour leurs ouvriers.

Loin d'être durs et hautains à l'égard de leurs ouvriers, ils se montrent aimables et bienveillants pour tous. Ils écoutent les plaintes, ils excusent les faiblesses, ils exhortent au bien. Si parfois la nécessité d'assurer le bon ordre dans l'usine les oblige à congédier quelqu'un, ils le font à regret, discrètement, sans emportement et sans injures, heureux s'ils peuvent prévoir que l'ouvrier renvoyé trouvera à s'occuper ailleurs.

La femme et les enfants de ces chefs d'usine ne se désintéressent pas de la grande famille ouvrière. Ils connaissent, ils visitent tous les foyers. Les naissances, les maladies, les mariages, les deuils sont des occasions où se manifestent leur charité et leur sympathie. Les ouvriers en retour sont rarement ingrats. Ils s'attachent à de tels maîtres ; ils partagent leurs joies et leurs peines, et l'on voit des usines où, loin de dire que *le patron c'est l'ennemi,* on ne l'appelle que le bon père.

JOSEPH. Est-il possible !

L'AMI DU PEUPLE. C'est la réalité même, et cette réalité est connue à tel point que si un jour je publie, comme j'en ai l'intention, le résumé de nos conversations sociales, bien des lecteurs mettront des noms propres sur le type du bon patron que je viens de tracer.

LÉON. Heureux les ouvriers qui ont la chance d'avoir de tels maîtres ?

L'AMI DU PEUPLE. La justice et la vérité m'obligent d'ajouter que généralement c'est la religion qui inspire à ces industriels ces beaux sentiments et cette noble conduite. Et, croyez-le bien, mes amis, quand les ouvriers voient chez leur patron les pratiques religieuses unies à tant de belles qualités, il ne leur en faut pas davantage pour les ramener eux-mêmes à remplir leurs devoirs de chrétiens. On a parlé de contrainte, de pratiques religieuses imposées par la force dans certaines usines : *c'est une accusation aussi absurde qu'injuste.* La religion est une affaire de persuasion et de liberté, et c'est librement que les ouvriers des patrons chrétiens imitent leurs exemples.

L'abbé HÉGO.

L'union est nécessaire.

L'erreur capitale dans la question présente, c'est de croire que *les patrons et les ouvriers soient ennemis nés* les uns des autres, comme si la nature avait armé les riches et les pauvres pour qu'ils se combattent mutuellement dans un duel obstiné...

Les deux classes ont un impérieux besoin l'une de l'autre : *il ne peut y avoir de capital sans travail, ni de travail sans capital.*

La concorde engendre l'ordre et la beauté ; au contraire, d'une discorde perpétuelle il ne peut résulter que la confusion des luttes sauvages. Pour faire cesser cette division et couper le mal dans sa racine, les *institutions chrétiennes* possèdent une vertu admirable et multiple.

Léon XIII.

Cette union est possible.

J'ai visité maintefois une usine dont le directeur se bornait à ceci : — Il *saluait* ses ouvriers en passant devant eux ; — il les *accueillait* avec bonté et patience quand ils venaient à lui ; — s'ils tombaient malades, il *allait les voir chez eux,* ou les faisait voir par sa femme et sa fille ; — si quelque malheur domestique les frappait, il *allait les consoler.*

C'est tout.

Direz-vous que c'est impossible ?

Allez donc là, et à l'heure où le travail finit, arrêtez dans la foule noire que l'usine dégorge, quelqu'un de ces mâles travailleurs, et demandez-lui *si son maître l'aime ;* il vous répondra : *Ah ! Monsieur, pour cet homme-là, on se ferait hacher menu.*

Mais vous ne savez donc pas combien le cœur des petits s'ouvre large pour aimer leurs patrons? Vous ne savez donc pas comme un *sourire de bonté* à l'un d'eux passe, comme l'étincelle électrique, à travers le cœur de tous les autres?.. comment il suffit d'en aimer un seul pour les aimer tous !

Profession de foi de l'Ouvrier chrétien.

Je remercie Dieu de m'avoir fait chrétien. Mon patron dans l'atelier et tous les chefs de travail ont une mission à remplir, celle d'*organiser le travail* nécessaire à la vie. Ils ont dès lors autorité de Dieu pour procurer cette fin : s'ils s'en acquittaient mal, ils auraient *Dieu pour juge ;* mais je n'oublierai pas qu'ils me fournissent les moyens de vivre ; tant que j'en profiterai, je leur devrai *respect* et *soumission.*

Jésus, *le Fils de Dieu fait homme, est le modèle qu'il me faut imiter.*

Ouvrier, il travailla de ses divines mains dans l'atelier du charpentier, son père adoptif, saint Joseph.

* *
*

Et si Dieu bénit mes efforts, s'il me donne des biens dont il est le seul maître, quand je serai investi d'une autorité quelconque, je me souviendrai que je représente Dieu dans la société, que la fortune ou le pouvoir ne m'ont pas été confiés pour satisfaire l'orgueil, l'avarice ou l'amour du plaisir, mais bien pour aider, guider et protéger mes inférieurs : *je me ferai tout à tous.*

Le Travailleur chrétien.

Abbeville, C. Paillart, imprimeur-éditeur.

L'INJUSTICE DU COLLECTIVISME

Les collectivistes lui barrent
le passage.

Impassible devant l'émeute.

Aidé par de vaillants ouvriers, groupés par lui en *Sociétés de Vingt*, M. Dutilleul, d'Armentières, lutta avec succès contre les socialistes ; jamais ils n'eurent raison de son indomptable énergie.

Un jour d'émeute, une bande de collectivistes étrangers à ses fabriques lui barre le passage sur la route d'Houplines, et l'un d'eux le menace d'une arme à feu : « Tuez-moi, si vous le voulez, leur dit M. Dutilleul, je ne crains pas la mort. Cependant, ajouta-t-il, *laissez-moi vivre pour mes ouvriers.* » Touchés de ce sang-froid et plus encore sans doute de ce dévouement aux intérêts du peuple, les émeutiers se radoucirent, et ils écartèrent leurs rangs devant cet homme qui n'avait pas peur de mourir, de ce patron qui désirait vivre encore pour ses ouvriers.

N° 153.

La propriété collective.

L'AMI DU PEUPLE.
BERNARD, *ouvrier socialiste.*
MARTIN, *cabaretier collectiviste.*

L'AMI DU PEUPLE. Vous vous faites appeler collectivistes, mes amis. Voudriez-vous me dire ce que vous entendez par là ?

BERNARD. C'est bien simple : cela veut dire que nous sommes partisans de la propriété collective.

L'AMI DU PEUPLE. Qu'entendez-vous par propriété collective ?

BERNARD. Nous entendons par propriété collective, celle qui est possédée, non par des individus en particulier, mais par *tout le monde ensemble,* par la collectivité de tous les citoyens.

L'AMI DU PEUPLE. Ainsi, selon votre système, personne ne posséderait rien en propre. On n'aurait le droit d'avoir à soi ni un champ, ni une maison, ni un outil, ni un vêtement, ni un sou d'économie.

MARTIN. Nous n'allons pas tout à fait si loin. Nous voulons que la collectivité possède tous les *instruments de travail,* tous les moyens de production, tels que les charbonnages, le sol, les usines.

L'AMI DU PEUPLE. Et aussi sans doute le capital, car c'est un instrument de travail aussi puissant qu'indispensable.

BERNARD. Evidemment.

L'AMI DU PEUPLE. Mais comment s'y prendra-t-on pour mettre aux mains de la collectivité les moyens de production et les instruments de travail, comme vous dites ?

MARTIN. Cette collectivisation ne pourra s'accomplir que par l'expropriation de la classe capitaliste (1).

L'AMI DU PEUPLE. Voilà des mots bien savants. Parlons plus clairement : c'est-à-dire qu'on *prendra*

(1) Le *Programme du parti Ouvrier,* ses considérants et ses articles, par Jules Guesde et Paul Lafargue, 2ᵉ édition, 1890.

purement et simplement aux riches ce qu'ils possèsèdent pour le donner à l'Etat.

MARTIN. Oui.

L'AMI DU PEUPLE. Et cette opération n'a rien qui
vous révolte ? Vous ne voyez pas que c'est *un vol*
que de prendre à quelqu'un sa propriété légitime
pour l'attribuer à un ou à tous !

BERNARD. Du moment que cela serait autorisé
par une loi, il n'y aurait pas de vol (1).

L'AMI DU PEUPLE. Vous croyez cela ? Ainsi, selon
vous, si une loi autorisait l'homicide, le mensonge,
la crapule, il deviendrait licite d'être assassin,
fourbe et débauché.

BERNARD. Non.

L'AMI DU PEUPLE. Pourquoi les lois ne peuvent-
elles pas permettre l'assassinat, et le reste ?

BERNARD. Ma foi, je ne saurais trop dire. Ce sont
de ces choses que l'on conçoit sans pouvoir les
expliquer.

L'AMI DU PEUPLE. Pardon ; cela s'explique très
bien. C'est que la loi humaine pour obliger la conscience des hommes, pour être vraiment la loi, ne
saurait aller contre ce qu'on appelle le Droit. Dans
toute âme d'homme il y a une loi gravée par le
Créateur que l'on appelle la *loi naturelle ;* comme
dans tout esprit humain, il y a un fonds de raison
que l'on nomme le bon sens, le sens commun. Or,
la loi naturelle et le bon sens sont indestructibles.
Si vous dites une sottise, ce sera toujours une sottise ; et si vous faites une chose injuste, même avec
l'approbation d'une prétendue loi, ce sera toujours
une chose injuste. Comprenez-vous ?

MARTIN. Très bien. Mais la question est de
savoir...

L'AMI DU PEUPLE. Si la collectivisation des moyens
de production est une chose injuste ou une sottise ?

MARTIN. Précisément.

L'AMI DU PEUPLE. Eh bien, je vais essayer de vous
le prouver. Bernard, vous êtes ouvrier tisseur,
combien gagnez-vous par jour ?

---

(1) Parole souvent entendue dans les milieux socialistes.

BERNARD. En moyenne de 4 à 5 francs (1).

L'AMI DU PEUPLE Cela vous fait environ 50 francs par quinzaine, 100 fr. par mois, 1,200 fr. par an.

BERNARD. Oui, environ.

L'AMI DU PEUPLE. Quand vous avez fini votre journée, les 4 ou 5 francs que vous avez gagnés sont-ils à vous ?

BERNARD. Parbleu !...

L'AMI DU PEUPLE. Pourquoi sont-ils à vous ?

BERNARD. Parce que c'est *moi* qui les ai gagnés.

L'AMI DU PEUPLE. C'est bien cela. Ce sont vos bras, vos yeux, vos poumons, votre habileté dans le métier, votre sueur, vos fatigues, votre temps, votre vie dépensée, morceau par morceau qui vous font gagner votre salaire de tous les jours.

MARTIN. Rien de plus vrai.

L'AMI DU PEUPLE. Vous vous usez ainsi peu à peu à votre travail, et l'usure de votre personne est représentée tous les soirs par 4 ou 5 fr.; toutes les quinzaines par 50 fr.; tous les ans 1200 fr. environ.

BERNARD. Oui.

L'AMI DU PEUPLE. En sorte que si quelqu'un, particulier ou Etat, vous prend vos 4 ou 5 francs, vos 50, vos 100, vos 1200 francs, c'est comme s'il prenait la sueur de votre front, la lumière de vos yeux, le souffle de votre vie.

BERNARD. J'en conviens.

L'AMI DU PEUPLE. Or, comment appelle-t-on un homme qui ne s'appartient plus, qui est, corps et âme, vie et biens, à la merci d'un autre homme ?

BERNARD. On l'appelle un esclave.

L'AMI DU PEUPLE. Et celui qui tient ainsi des hommes sous sa puissance, qui est le maître de leurs bras, de leur existence, du fruit de leurs travaux, comment l'appelle-t-on ?

BERNARD. C'est un tyran, un despote, un buveur de sang humain.

L'AMI DU PEUPLE. Je vous ferai remarquer une chose : il importe que cette domination de l'homme

(1) C'est le salaire moyen le plus élevé dans les tissages mécaniques. Les tisseurs à la main gagnent infiniment moins.

sur l'homme, qui vous révolte si justement, soit exercée par un particulier ou par une *collection d'individus*. Que l'on appartienne à un ou à plusieurs, on n'en est pas moins esclave, n'est-ce pas?

MARTIN. Evidemment.

L'AMI DU PEUPLE. Je vous demanderai maintenant si vous trouvez qu'il soit juste de réduire des hommes libres à la qualité d'esclaves.

MARTIN. Certes, non.

L'AMI DU PEUPLE. Eh! ne viens-je pas de vous prouver, que ravir à un homme la propriété de son salaire, c'est lui enlever une partie de sa personne, de ses forces et de sa vie?

BERNARD. Vous l'avez prouvé clair comme le jour, mais les collectivistes n'entendent pas prendre à l'ouvrier son salaire pour le garder. Ils veulent au contraire *concentrer tous les gains pour en faire une juste répartition à chacun*, selon la mesure de son travail et de ses besoins.

L'AMI DU PEUPLE. Précisément, et c'est en cela que l'on voit clairement ce que je veux vous démontrer, à savoir: que dans le système collectiviste *il n'y a aucune place pour la liberté individuelle*. Le citoyen ne peut disposer comme il l'entend du salaire, qui est le fruit de son travail et en quelque sorte l'extension de sa personne, ainsi que nous l'avons reconnu. Il remet à l'Etat ce qu'il a et ce qu'il est, et il attend de l'Etat le morceau de pain qu'il plaira à l'Etat de lui donner. Cela ne vous semble-t-il pas révoltant d'injustice?

MARTIN. En effet. Cependant il faudrait bien trouver un moyen de répartir d'une manière plus équitable le fruit du travail.

L'AMI DU PEUPLE. Vous avez raison. Mais croyez bien qu'on n'arrivera pas à ce but en privant l'ouvrier du droit de posséder son salaire et de s'en servir comme il l'entend. On ne soulage pas la misère en rendant tout le monde misérable. On ne corrigera pas les abus de la société par l'oppression des citoyens et la violation de la justice. Le droit de propriété est et doit rester sacré.

BERNARD. J'en conviens volontiers pour ce qui regarde le salaire de l'ouvrier. Mais les grandes fortunes, les millions transmis de père en fils, que l'on possède par le seul fait de venir au monde, et que l'on accumule sans travail, trouvez-vous aussi cela légitime et inviolable ?

L'AMI DU PEUPLE. Je vous répondrai tout à l'heure. Veuillez me dire auparavant si vous dépensez tous les jours ce que vous gagnez.

BERNARD. Non, si petit que soit le gain, je tâche de me réserver quelque chose pour mes vieux jours.

L'AMI DU PEUPLE. Supposé que vous économisiez 0,50 c. par jour, cela fera 3 fr. par semaine et 166 fr. par an. Que ferez-vous de cette somme ?

BERNARD. Je la mettrai à la caisse d'épargne.

L'AMI DU PEUPLE. Combien avez-vous épargné depuis quinze ans que vous êtes marié ?

BERNARD. Ma foi, je vous le dirai ; mais je vous prie de n'en parler à personne : il y a si facilement des jaloux. J'ai payé 3000 francs la petite maison que j'habite et il y a à peu près 1000 francs à mon livret de caisse d'épargne.

L'AMI DU PEUPLE. Fort bien, mon ami. Mais j'ai le regret de vous le dire : il faut arrêter là vos économies.

BERNARD. Comment ! J'espère bien au contraire d'ici dix ans les avoir doublées. Mes enfants grandissent ; vous voudriez que je ne mette plus rien de côté ! Mais pour pourquoi cela, s'il vous plaît !

L'AMI DU PEUPLE Parce que vous êtes sorti de la classe des *prolétaires* et que vous entrez dans celle des *capitalistes*.

BERNARD. Pas le moins du monde. Mon salaire est à moi ; mon salaire, c'est moi en quelque sorte, comme vous venez de nous l'expliquer, et j'entends disposer de mon salaire et de ma personne de la manière que je veux.

L'AMI DU PEUPLE. Remarquez bien le chemin que nous avons parcouru. Au bébut de notre conversation vous étiez collectiviste et voici maintenant que, non seulement *vous repoussez la mise en commun des salaires*, mais vous entendez *capitaliser* et posséder en propre votre capital.

BERNARD. Encore une fois ce que vous appelez mon capital est le fruit de mon travail, et quand même j'arriverais à faire une fortune, cette fortune représenterait toujours quelque chose qui est sorti de moi.

L'AMI DU PEUPLE. Vous avez raison. Mais ne croyez-vous pas que les hommes qui ont la chance de capitaliser, de faire fortune, arrivent aussi à ce résultat par le travail ?

BERNARD. On ne fait guère fortune étant tisseur ou simple ouvrier dans n'importe quel métier.

L'AMI DU PEUPLE. C'est vrai, mais il y a plusieurs manières de travailler, et ce ne sont pas toujours les plus douces en apparences qui le sont en réalité. Tous les genres de travail doivent faire vivre l'ouvrier, et le salaire gagné, économisé, devenu capital, est la propriété personnelle, légitime et inaliénable du travailleur.

L'ingénieur, le mécanicien, le chef de vente, sont aussi des travailleurs, des salariés d'élite, comme dit M. Jules Guesde. Leur contestez-vous un droit que vous revendiquez pour vous-même ?

MARTIN. Non, car le gain des *ouvriers de l'intelligence* provient aussi de leurs peines et de leurs fatigues. Il faut trimer pour devenir capable de diriger une usine, et toute peine mérite salaire.

L'AMI DU PEUPLE. Et tout salaire doit, autant que possible, être proportionné à la peine et au talent de celui qui travaille et appartient à celui qui l'a gagné, quelque élevé qu'il soit.

MARTIN. Oui.

L'AMI DU PEUPLE En sorte que tout homme peut dépenser son salaire ou le mettre de côté, le consommer lui-même ou le *laisser en héritage* à ses enfants.

BERNARD. Et voilà comment certains enfants sont capitalistes en naissant.

L'AMI DU PEUPLE. Sans doute. Que diriez-vous à celui qui viendrait vous tenir ce langage : Bernard, tu es ouvrier laborieux et sage ; tu as gagné, à la sueur de ton front, une petite maison et un modeste capital : bientôt la mort viendra te visiter et avant de t'en aller dans la vie éternelle, tu vas apprendre *une nouvelle :* Ta maison, ton jardinet, tes économies n'appartiendront pas à *tes enfants*. Ce ne sont pas eux qui ont gagné ton bien ; donc, ton bien ne doit pas leur revenir. Tout cela doit rester dans le domaine social. Que diriez-vous, Bernard, si l'on vous parlait ainsi ?

BERNARD. Je dirais que c'est une injustice.

L'AMI DU PEUPLE. Pourquoi est-ce une injustice ?

BERNARD. Parce que c'est les priver en quelque sorte de leurs parents eux-mêmes, attendu que le bien que les parents ont gagné représente toute une vie de travail, de fatigues et de sacrifices.

L'AMI DU PEUPLE. C'est tout à fait cela. Résumons-nous et concluons. Le salaire est la propriété légitime de l'ouvrier. Les économies réalisées par l'ouvrier lui appartiennent, il peut les transmettre à ses enfants. Ces économies accumulées représentent le capital dans son origine. Cette origine étant légitime, c'est *un vol* que de prendre à quelqu'un ce qu'il possède. Ce sont là des vérités fondées sur le droit naturel et le sens commun, et sanctionnées par la loi de Dieu. Prétendre les abolir au moyen d'une loi c'est tenter l'impossible, attendu qu'*il ne saurait y avoir de loi véritable autorisant l'injustice*. De plus, l'abolition du droit de propriété personnelle et l'établissement de la propriété collective seraient des mesures funestes *avant tout aux travailleurs*.

L'abbé HÉGO.

Abbeville, C. Paillart, imprimeur-éditeur.

La sociale!... Vive la sociale!

La guillotine
était
en permanence.

Il y a cent ans.

Pour l'exécution de la loi des suspects, le 21 décembre 1793, on établit 50,000 comités révolutionnaires qui coûtaient annuellement 590,000,000 de francs, et il y avait 540,000 accusateurs qui avaient le droit d'infliger la peine de mort. Dans la seule ville de Paris, on comptait jusqu'à 60,000 comités, et chacun de ces comités avait une prison pour les suspects.

Un conduit capable de recevoir le sang qui se versait avait été établi sur la place Saint-Antoine. Disons-le, bien qu'il soit horrible d'en parler, quatre hommes étaient occupés pendant l'exécution à le diriger dans le réservoir.

Vers trois heures de l'après-midi, on voyait passer de longues processions de victimes qui montaient au tribunal... J'ai vu, écrit un témoin oculaire, quarante magistrats du Parlement de Paris, trente-trois de celui de Toulouse, aller à la mort avec le même sang-froid qu'ils allaient à l'audience; j'ai vu trente-trois fermiers généraux monter à l'échafaud d'un pas ferme et d'un air grave, et vingt-cinq des premiers négociants de Sedan, qui, en allant au supplice, s'apitoyaient sur le sort de dix-mille ouvriers qu'ils laissaient sans pain... Ces bourreaux sanguinaires

N° **154.**

allèrent jusqu'à décapiter de timides religieuses dont le seul crime avait été de rester fidèles à Dieu, elles s'avançaient en double rang, sur les lèvres le sourire et le *Magnificat*.

Toujours la même musique.

Que l'on me pardonne cette comparaison : la presse est, entre les mains du socialisme, un grand appareil à *seriner* les hommes.

Quand on veut apprendre un air à des oiseaux, on leur répète cet air dix et vingt fois par jour, au moyen d'un instrument *ad hoc*.

Les chefs du parti socialiste, pour former, comme on dit, l'opinion publique, pour faire entrer dans les têtes leurs idées fatales, ont recours à la presse ; chaque jour ils tournent la *manivelle...* chaque jour, ils répètent dans leurs journaux l'air qu'ils veulent imposer au public et bientôt *les serins* chantent... *Vive la Sociale ma mère... vive la Sociale !*

Empoisonneurs du peuple.

Empoisonneurs du pauvre peuple dont ils surexcitent l'orgueil, l'envie et tous les mauvais instincts ; fauteurs d'émeutes, pères de toutes les révolutions, lesquelles ne profitent qu'à eux ; flatteurs des passions populaires, menteurs et calomniateurs effrontés, les journalistes socialistes sont le fléau de la société.

Sur cent, il n'y en a pas deux qui soient de bonne foi et qui croient ce qu'ils écrivent. Entre la pipe et l'absinthe, ils se moquent du public qui va être assez *sot* de les croire sur parole.

Exploiteurs de l'ouvrier.

La presse socialiste est, quoi qu'elle en dise, l'ennemie mortelle de l'ouvrier. Par ses calomnies contre la religion et les prêtres, elle bat en brèche sa foi, sa conscience, son salut ; par ses principes subversifs colorés des grands mots de *liberté*, de *fraternité*, d'*égalité*, elle met toutes les têtes à l'envers, persuade aux pieds qu'ils peuvent et qu'ils doivent prendre la place de la tête, que tous les gouvernés ont seuls le droit de gouverner, en sorte qu'il n'y aura plus personne pour être gouverné ; qu'il faut en finir avec l'Eglise, avec la religion, les prêtres, la société capitaliste, etc... *Vive la sociale !*

Voilà ce qu'elle prêche chaque jour et sur tous les tons.

A force de lire on finit par croire, comme à force de boire on finit par s'enivrer.

Surexcité, ivre de colère et de révolte, l'ouvrier, devenu socialiste comme ses docteurs, assiste aux clubs, monte sur la barricade, fait le coup de feu, est empoigné et expédié à la Nouvelle... quand il n'est pas fusillé sur place.

Eux !... les amis de l'ouvrier !

Oui ils aiment l'ouvrier ; ils l'aiment beaucoup ; ils ne l'aiment que trop : ils l'aiment comme les loups aiment... le mouton.

Pauvre mouton ! Et tu t'y laisses prendre. Dans leurs journaux, dans leurs syndicats les socialistes répètent sur tous les tons : *C'est nous... c'est nous seuls qui aimons vraiment l'ouvrier. Nous nous occupons de ses intérêts, nous voulons le tirer de l'esclavage du* capital... *Nous voulons fonder* une société nouvelle, *où l'ouvrier ne sera plus exploité par le patron, où chacun sera heureux et à son aise.*

Voilà ce qu'ils disent. Et pour réaliser leur programme ils surexcitent les passions populaires, organisent des grèves, préparent des émeutes, enrégimentent les ouvriers dans leurs syndicats socialistes et fomentent la guerre des classes.

Alors de deux choses l'une : ou le coup réussit ou il ne réussit pas. S'il réussit, les meneurs arrivent sur le dos du peuple, à quelque dictature, qu'ils empoignent des deux mains; et sous le couvert du drapeau rouge au milieu des proclamations sonores, ils remplissent leurs poches et celles de leurs amis en vidant les caisses publiques.

Si le coup ne réussit pas — et c'est l'ordinaire — ils s'échappent lestement, laissent leurs pauvres dupes dans la bagarre aux mains redoutables de la justice militaire.

Dans l'un et l'autre cas l'ouvrier n'attrape que des coups; l'argent, les bonnes places, la gloire, l'impunité sont le partage des meneurs de la Sociale.

Vieux renards.

Pour ces hommes, la classe ouvrière, qu'ils affectent de vanter et qu'ils prétendent aimer, est tout simplement un poulailler : vieux renards, ils flairent les poules et connaissent l'art de les plumer. L'un d'eux qui s'est distingué parmi les communards de Paris, disait cyniquement : *Il faut plumer la poule sans la faire crier.*

Entendez-vous cela, braves gens qui lisez les *journaux socialistes* et qui votez *rouge ?*

Quand donc nos bons ouvriers le comprendront-ils ? Ces austères socialistes qui ne parlent que de libertés ne sont que de misérables égoïstes qui se soucient de la liberté comme du grand Turc, et qui s'empressent, dès qu'ils tiennent le pouvoir, de fouler aux pieds toutes les libertés publiques : la *liberté religieuse*, la *liberté de la propriété*, etc...

Oui, voilà la réalité ; voilà vos socialistes tels qu'ils ont toujours été, tels qu'ils seront toujours.

Que ces gaillards-là osent se dire les amis du peuple, cela se conçoit : c'est leur seul moyen de réussir ; mais ce qui ne se conçoit pas, c'est que le peuple soit *assez mouton, assez bête* pour se laisser mener par de pareils charlatans.

Scélérats et... cornichons

La Sociale est une mère de famille qui a deux espèces d'enfants : des scélérats et des cornichons ; les scélérats, toujours en petit nombre, sont les meneurs ; — les *cornichons*, en nombre incommensurable, ce sont tous ces pauvres diables qu'on pousse aux grèves, qu'on fait voter rouge, à qui l'on met le fusil au bras et qu'on envoie se faire égorger au jour de l'émeute.

Effrayé, le commerce cesse aussitôt ; il n'y a plus de travail, plus de crédit ; les magasins se ferment ; et le pauvre ouvrier, rentré piteusement chez lui après ces belles équipées, n'y trouve plus que la misère.

A qui la faute ? — Est-ce aux patrons ? Est-ce aux riches et au gouvernement ? Est-ce aux curés ? Non, mille fois non. La faute en est tout entière aux agitateurs, à la Sociale qui vous berne avec ses promesses irréalisables, voyez plutôt.

Le bonheur parfait promis par la Sociale.

Ce dont on n'est point assez convaincu et ce sur quoi je veux appeler l'attention, c'est *l'im-*

possibilité pratique de la doctrine sociale, *l'absurdité* du bonheur universel qu'elle vous promet.

Je voudrais vous faire toucher du doigt son opposition absolue avec la *nature des choses*, avec les faits existants que *nul ne peut changer;* vous convaincre qu'elle n'est qu'un rêve, une dangereuse utopie, et que sous les grands mots dont elle se pare, il n'y a rien, absolument rien. S'il est un fait avéré, aussi clair que la lumière du soleil, c'est, sans contredit, la triste nécessité où nous sommes tous ici-bas de souffrir et de mourir : c'est la condition de tous les hommes sur la terre ; c'est l'état où je suis, où vous êtes, où ont été nos pères, où seront nos enfants, d'où nul effort humain ne nous peut tirer.

N'y a-t-il pas, je vous le demande, ici-bas, et n'y aura-t-il pas *toujours, toujours et toujours* des maladies, des peines, des douleurs ? N'y a-t-il pas et n'y aura-t-il pas toujours des veuves et des orphelins ? des mères pleurant inconsolables devant le berceau vide de leur enfant ?

Rien pourra-t-il changer cet état de choses ? *Une organisation nouvelle de la société, quelle qu'elle soit,* empêchera-t-elle que nous ayons des maladies, des souffrances, des fluxions de poitrine, la fièvre, la goutte, le choléra ? que nous perdions ceux que nous aimons ? empêchera-t-elle les intempéries si désagréables des saisons, la rigueur du froid d'hiver, l'ardeur brûlante du soleil d'été ?... empêchera-t-elle que l'homme n'ait des vices ? qu'il n'ait de l'orgueil, de la haine ? empêchera-t-elle surtout de *mourir ?*

Tout cela est-il ou n'est-il pas ? et n'est-il

point aussi certain que *cela est,* qu'il est certain *que cela sera toujours?* — Il faudrait avoir perdu la tête pour le nier.

Et que devient, dites-moi, en présence de *ce fait,* que devient, au milieu de tant de maux inévitables cette jouissance constante, ce bonheur terrestre parfait que promet la Sociale?

Donc votre sociale, votre communisme, votre collectivisme (appelez-le comme vous voudrez) est un rêve.

Pas 50 sur 1000 !

Je mets en fait que, sur mille électeurs votants, il n'y en a pas cinquante qui votent en connaissance de cause.

Dans la classe ouvrière et parmi le peuple des campagnes, savez-vous ce que c'est qu'un électeur ? C'est, presque toujours un brave homme qui, à force d'entendre répéter : *Ouvriers, votez pour votre classe,* s'imagine voter pour le bon ordre, le bon droit et la justice, et qui vote, sans s'en douter, pour des *cabaretiers,* pour le désordre, pour l'anarchie et sa propre ruine.

C'est une alouette que guette et pipe la Sociale. C'est une dupe des journaux socialistes.

(Mgr DE SÉGUR).

Ce qu'ils disent.

« Tous en avant, au cri de : A bas le préjugé **patriotard.** »   (*Le Travail,* novembre 1891.)

« **La révolution est une arme loyale,** si elle n'est légale, et nous **saurons l'employer.** La révolution que nous prenons et que nous voulons, c'est celle de 1793, celle des Hébertistes, celle de 1871, **celle qui fauche, qui désagrège tout ce qui lui résiste, qui va droit au but...** Citoyens, pensez bien à cela pour que, le jour arrivé, vous ne reculiez pas devant l'**horreur** des moyens et que droit vous alliez au but. »

(*Almanach de la question sociale pour* 1894.)

« **L'homme et la femme ne sont que des ani-
maux** ; peut-il être question d'un mariage, d'un lien indis-
soluble **entre les animaux ?** Evidemment non ! »

(Bebel, le grand-maître du socialisme.)

« Il n'y aura plus ni juifs, ni chrétiens, ni autres
croyants... Les **églises** et les couvents, les chapelles et
autres lieux sacrés seront **démolis** ou transformés en
établissements d'utilité et de réjouissances publiques, tels
que théâtres, bains, greniers d'abondance, etc. »

(*Vooruit*, 1894.)

« Nous n'avons plus devant nous que la reprise violente
sur quelques-uns de ce qui appartient à tous, disons le
mot : **La Révolution.** . sans indemnité d'aucune sorte. »

(Le député Guesde, à Bruxelles, 1894.)

« Le collectivisme ne sera donc intégral que si la petite
industrie et le petit commerce viennent **un jour à disparaître complètement.** »

(*Le Collectivisme*, par Vandervelde.)

« Donnons du plomb aux patrons... **Nous ne saurions
blâmer la dynamite,** et notre main, à nous qui semons
la **dynamite intellectuelle,** est dans celle de nos amis
qui jettent la **dynamite qui a fait sauter les palais
et les empereurs.** »

(Dr Ferroul, dans *l'Emancipation sociale*.)

« Les bourgeois doivent prendre garde : **s'il venait un
second Robespierre, il ferait peut-être mieux la
besogne que le premier.** »

(Basly, meeting à Bruxelles, 13 mai 1892.)

Ce que vous avez lu n'est que la dixième partie de ce
qu'ont dit et écrit les chefs socialistes qui se déguisent en
honnêtes gens pour capter votre confiance et solliciter vos
suffrages.

Oseriez-vous faire lire ces horreurs à votre femme, à
vos enfants, à vos sincères amis et leur dire ensuite, sans
que la rougeur vous monte au front : j'ai porté mon vote
à ces abominables ennemis de la religion, de la famille, de
la propriété, de la liberté, à ces violents, à ces révolutionnaires qui rêvent de renouveler la Commune sanglante,
de dresser la guillotine, d'incendier, d'assassiner et de
s'emparer ensuite du bien de chacun pour constituer un
Etat monstrueux, contraire non-seulement à nos mœurs,
mais à la nature tout entière ?   (*Bilan rouge.*)

Abbeville, C. Paillart, imprimeur-éditeur.

A quoi servent les Grèves ?

Personne ne voulait travailler.

Un vieux marin des bords de l'Océan me racontait que
de tous les périls qu'il avait courus dans sa carrière aven-
tureuse, il en était un auquel il ne pouvait ramener ses
souvenirs sans frissonner d'épouvante.

Ce danger, me disait-il en pâlissant malgré lui, vous ne
pourriez jamais le deviner. J'ai vu mille tempêtes, et je ne
me les rappelle pas sans plaisir ; j'ai pris part à de grandes
batailles navales dont il me reste plusieurs blessures que
j'étais fier de recevoir au service de la patrie ; je suis
monté plusieurs fois à l'abordage, rude métier que celui-là.
J'ai fait naufrage et je ne me souviens pas sans un conten-
tement intime du courage avec lequel j'ai lutté seul contre
les flots, le désespoir et la mort.

Mais un jour que nous allions aider la jeune Amérique
à conquérir son indépendance, les divisions s'abattirent
comme l'enfer sur notre frégate insubordonnée ; tout
l'équipage se révolta, le commandant et les officiers se
divisèrent eux-mêmes, et nous parvînmes à les désarmer...
Personne ne voulait travailler ! Au contraire, les jours et

N° 155.

les nuits se passaient dans les soupçons et les querelles, dans les injures et les menaces ! La frégate ne filait plus, et les provisions étaient presque épuisées. Nous savions tous qu'il faudrait bientôt mourir de faim... La famille, la patrie, nous avions tout oublié, tout, jusqu'à notre propre salut .. Nous ne voulions que nous haïr et nous déchirer... N'était-ce pas affreux, dites-moi, n'était-ce pas infernal ?

*
* *

Un matin cependant, après une nuit remplie de desseins les plus sinistres, l'aumônier que nous avions vu longtemps silencieux et à genoux sur le pont, se lève, la figure calme, l'œil doux et serein ; il s'approche de chacun de nous et nous dit à chacun bas à l'oreille : *Il y a longtemps que je n'ai dit la sainte Messe, je vais la dire aujourd'hui, viens, suis-moi pour l'entendre.* Nous le suivions machinalement, pour ne pas le contrarier ; c'était un brave homme que nous aimions tous. Quand il eut célébré, il se retourna et nous adressa au nom de Notre-Seigneur Jésus-Christ quelques paroles tirées de l'Evangile ; peu de mots, deux ou trois minutes... *Aimez-vous les uns les autres... Mon Dieu, pardonnez-nous comme nous pardonnons !... Que celui qui se trouve sans péché jette à son prochain la première pierre... Aimez-vous, réconciliez-vous, embrassez-vous en présence de Dieu...* Et il élevait la sainte hostie, et sa voix pénétrante, persuasive, avait quelque chose de surnaturel.

Je me levai, nous nous levâmes tous et nous nous embrassâmes tous les uns après les autres... Le capitaine pleurait, les officiers pleuraient, nous pleurions tous de joie. La messe fut terminée, et en un instant nous nous remîmes tous à la manœuvre, et vaillamment...

Le vieux marin se tut à ces mots, joignit les mains devant la petite madone qui l'avait accompagné dans tous ses voyages, et pria Marie de ramener ou de maintenir l'union et la paix dans le grand océan du monde.

Et moi, je me rappelle, pour vous le redire, le touchant récit du vieux marin. Il fut bien inspiré, n'est-ce pas, l'aumônier de la frégate ? Il dut surtout être bien heureux.

L'abbé Le Dreuille.

3

Les Grèves.

ERNEST.
EUGÈNE.
L'AMI DU PEUPLE.

ERNEST. Les mineurs de Carmaux vont enfin reprendre le travail (1).

EUGÈNE. Ce ne sera pas dommage : il y a trop longtemps qu'on doit se serrer le ventre là-bas. Voici notre ami qui passe ; si nous lui demandions son avis sur cette grève fameuse ?

ERNEST. Demandons.

L'AMI DU PEUPLE. Bonjour, Messieurs, Parliez-vous de Carmaux ?

EUGÈNE. Justement. Vous l'avez deviné.

L'AMI DU PEUPLE. Oh ! ce n'est pas difficile : est-ce qu'on parle aujourd'hui d'autre chose que de Carmaux ?

EUGÈNE. Et bien ! qu'en dites-vous ?

L'AMI DU PEUPLE. Je dis de cette grève, comme de toutes les autres, que c'est un affreux malheur pour les ouvriers. Salaires perdus, économies mangées, dettes contractées, en voilà plus qu'il n'en faut pour que la plupart des ménages s'en ressentent pendant dix ans.

La Compagnie perd des sommes incalculables, et un grand nombre de petits commerçants, qui vivent au jour le jour de leur trafic avec les ouvriers, sont ruinés. La ville de Carmaux et toute la contrée s'en souviendront longtemps.

En outre, les têtes ont été violemment montées ; dans les cœurs, il reste des ressentiments fâcheux ;

(1) Grève de Carmaux (Tarn, septembre - octobre 1892). Les mineurs de Carmaux ayant porté au Conseil municipal et à la mairie un ouvrier ajusteur, nommé Calvignac, celui-ci afficha aussitôt la prétention de se mettre au-dessus des règlements de la Compagnie, toutes les fois qu'il le jugerait bon pour remplir ses devoirs municipaux. La Compagnie le congédia et les mineurs se mirent en grève pour défendre ce qu'on disait être les droits du suffrage universel.

l'esprit d'ordre et de discipline a beaucoup souffert ; l'armée, la gendarmerie, l'autorité civile ont été bafouées, tenues en échec par des maires obstinés et des députés récalcitrants. Tout cela, c'est de la mauvaise graine répandue dans le sol et qui pourra plus tard rapporter de mauvais fruits.

ERNEST. C'est vrai. Cependant, quand on méconnaît les droits politiques des ouvriers, n'est-il pas juste que ceux-ci les défendent ?

L'AMI DU PEUPLE. D'accord. Mais quelle qu'ait été la querelle des mineurs de Carmaux, ne pensez-vous pas qu'il eût valu mieux pour eux la venger autrement qu'en se faisant à eux-mêmes un tort immense ?

EUGÈNE. Évidemment.

ERNEST. La question est de savoir si cela pouvait se faire, s'il existait un autre moyen que la grève.

L'AMI DU PEUPLE. J'ignore, je vous l'avoue, de quel côté était le bon droit dans le conflit de Carmaux. Peut-être y avait-il, comme il arrive souvent, des torts de part et d'autre. La Compagnie, si vous le voulez, a été trop sévère, et Calvignac trop exigeant. Mais vous reconnaîtrez bien qu'il n'y avait pas là de quoi ameuter toute une population et plonger une ville entière dans la misère.

On a dit que la cause du suffrage universel était en jeu : allons donc ! Est-ce qu'il ne se commet pas tous les jours, en cent endroits différents de la France, des actes beaucoup plus graves que celui dont se plaignait Calvignac, contre l'indépendance des citoyens, sans que pour cela l'opinion s'en émeuve ? Tous les fonctionnaires de l'État sont placés dans cette alternative : ou de perdre leur emploi ou de renoncer à manifester par leurs paroles ou par leurs actes leurs opinions politiques ou religieuses. Dans une foule d'usines tenues par des opportunistes ou des radicaux francs-maçons, on jetterait à la porte le pauvre père de famille qui, pour obéir à sa conscience, mettrait ses enfants dans une école libre. La plupart des bureaux de bienfaisance refusent tout secours aux citoyens indigents suspects de ne pas professer les doctrines agréables à l'administration. Le maire socialiste de Roubaix vient de décider que les fournitures classiques, distribuées naguère gratuitement à tous les enfants pauvres fréquentant les écoles, publiques ou privées, seraient désormais refusées à ceux qui n'iraient pas aux écoles laïques. Le préfet du Nord, par contre, notifie périodiquement à la municipalité de Roubaix des arrêtés cassant purement et simplement ses délibérations. Les conseils municipaux, les maires qui n'ont pas l'heur de plaire au pouvoir central, sont par lui molestés, entravés, persécutés, d'un bout à l'autre du territoire de la République, au mépris des droits du suffrage universel.

Tout cela, vous le reconnaissez, mes amis, est bien autrement grave, bien autrement important que le cas particulier du citoyen Calvignac. Si l'on avait réellement souci de protéger la liberté de conscience et la souveraineté du peuple, on s'occuperait de ces attentats véritablement révoltants. Si Lafargue, Baudin, Jaurès et les autres, étaient de vrais amis du peuple et de la liberté, ils défendraient l'un et l'autre partout où ils les verraient compromis. — Le premier, cet homme étrange *qui ne professe d'être chrétien, économe, ni moral* (1), apporterait sa parole imagée et violente ; le second exhiberait sa barbe de fleuve, et le troisième, ses beaux discours. Mais ils se gardent bien de paraître là où le droit et la justice sont lésés sans que le peuple s'insurge. C'est au désordre qu'ils courent : ils sont, peut-être à leur insu, des hommes de désordre ; et, qu'on en soit bien persuadé, s'ils arrivaient au pouvoir, la liberté de conscience et le suffrage universel verraient de mauvais jours.

La grève de Carmaux n'a donc pas eu pour cause le péril du suffrage universel.

EUGÈNE. Qu'est-ce donc qui l'a occasionnée ?

L'AMI DU PEUPLE. Si je voulais vous répondre, je risquerais de me tromper. Rien n'est plus complexe

(1) *Le Droit à la Paresse*, par Paul Lafargue, édition Delory, 1891. Lille, page 5.

que les origines de ces sortes d'évènements. Une foule de circonstances les amènent et les prolongent souvent sans qu'on puisse en signaler aucune qui soit décisive par elle-même. On a parlé de l'entêtement des mineurs : rien de plus faux et de plus injuste. Le peuple est loin d'être opiniâtre et obstiné ; quelques meneurs le sont pour lui et il les suit avec une candeur et une docilité désolantes. Quand une grève éclate, elle ne durerait pas longtemps, si les patrons et les ouvriers débattaient en famille leurs différends.. Mais parce que des gens, étrangers souvent au pays et à l'industrie en cause, viennent prendre la direction du mouvement, ils introduisent dans la grève un élément de durée : leur amour-propre. Du moment qu'ils s'en mêlent, il faut que cela réussisse Quand même le motif serait futile, le grief minime, les revendications insignifiantes ou injustes, les promoteurs de la grève se croiraient déshonorés, et ils le seraient en effet aux yeux des badauds, si leur intervention aboutissait à un échec. Voilà pourquoi ils aiment mieux jeter dans la misère des milliers de familles, plutôt que de conseiller un pas en arrière, un acte de dévouement, un léger sacrifice, comme l'eût été, par exemple, à Carmaux, la démission de Calvignac comme maire ou sa retraite comme ouvrier des mines. Calvignac aurait rendu un fier service au suffrage universel, si, au lieu d'affamer ses électeurs, il leur eût désigné, pour son remplaçant, un homme ayant le temps et le moyen d'être maire de Carmaux. On ne me fera pas croire que le seul Calvignac pouvait faire le bonheur des mineurs de l'endroit.

Quoi qu'il en soit, supposé qu'on voulût absolument le maintenir à la mairie, et qu'en même temps on prétendît imposer à la Compagnie l'obligation de le garder dans ses ateliers, on pouvait y arriver sans mettre au pain sec toute une ville ouvrière.

ERNEST. Comment cela ?

L'AMI DU PEUPLE. Il y a un tribunal devant lequel aucune cause juste n'est jamais perdue, pourvu qu'elle soit bien présentée : c'est celui de l'opinion publique. La presse est libre ; le droit de réunion existe ; l'affichage est permis ; une foule de moyens sont à la disposition de quiconque a une revendication à faire valoir, une protestation à élever. La compagnie de Carmaux, supposé qu'elle ait agi contre Calvignac avec une arrière-pensée politique, ce que je ne crois pas, n'aurait pas bravé l'indignation causée dans le pays par un attentat contre le suffrage universel. Des délégués mineurs pouvaient s'expliquer avec le baron Reille, et M. Loubet pouvait intervenir comme arbitre, sans que le travail fût interrompu. On serait arrivé au même résultat final et les ouvriers n'eussent pas eu à supporter ce chômage désastreux.

EUGÈNE. C'est évident.

L'AMI DU PEUPLE. Si je m'arrête à vous parler si longuement de la grève de Carmaux, mes amis, c'est que toutes ou presque toutes les autres grèves en sont là. Il arrive parfois que la grève est le seul moyen qui soit à la disposition des ouvriers pour se faire rendre justice, mais s'il y a des grèves nécessaires, toutes ont des effets nuisibles, surtout aux travailleurs, et il serait fort à souhaiter que l'institution de l'arbitrage vint promptement en prévenir le retour.

ERNEST. Cependant il y a eu certaines grèves qui ont eu de bons résultats : les grèves des mineurs du Pas-de-Calais, par exemple, en octobre 1889 et en octobre 1891. Elles ont arraché aux Compagnies des améliorations sensibles du sort de l'ouvrier, améliorations depuis longtemps vainement réclamées : augmentation des salaires, suppression des longues coupes (1), reconnaissance officielle et loyale des syndicats ouvriers par les Compagnies, principe de l'arbitrage, etc.

(1) On appelle ainsi la prolongation de la journée de travail, certains jours de la semaine ou à certaines époques. En quelques endroits cette prolongation avait lieu le samedi soir, ce qui était particulièrement regrettable, l'efficacité du repos du dimanche étant subordonnée à la liberté laissée à l'ouvrier quelques heures de l'après-midi du samedi. Cet usage est général en Angleterre.

L'AMI DU PEUPLE. Je le reconnais et je viens de vous avouer que malheureusement de déplorables obstinations, de criantes injustices ont rendu certaines grèves en quelque sorte fatales, mais je persiste à penser que les suites funestes des grèves les plus légitimes en balancent les heureux succès et j'espère que dans l'avenir on aura recours à des procédés moins dangereux pour faire valoir les justes revendications des travailleurs (1).

L'abbé Hégo.

Le cardinal Manning.

A Londres, une *grève formidable* venait d'éclater parmi les ouvriers des docks en août 1889. 250,000 hommes étaient sur le pavé.

Le cardinal en fut ému « J'ai considéré, dit-il, l'immense souffrance, la ruine de l'épargne, la misère, et je me suis dit que je ne pouvais rester indifférent. » Il alla trouver le directeur des magasins, mais il n'obtint rien. Le lord-maire, l'évêque anglican, essayèrent d'intervenir à leur tour, mais en vain. Enfin le cardinal demanda une nouvelle entrevue, et, après deux heures de supplications instantes, il fut victorieux. Quand il sortit, cent mille ouvriers voulurent le porter en triomphe et lui faire escorte dans les rues de Londres, ce fut un spectacle unique que ce vieillard de quatre-vingts ans, acclamé par le peuple qu'il venait de sauver. La paix était signée, on l'appela la paix du Cardinal.

Les grévistes se cotisèrent, et offrirent au prêtre catholique une somme d'argent. Il accepta, mais à condition que l'argent serait consacré à fonder un lit d'hôpital pour un ouvrier.

(1) Voir *La Grève de 1891 dans les bassins houillers du Nord et du Pas-de-Calais*, par Ed. Lozé. Arras, imprimerie Rohart-Courtin, 1891.

Il est à remarquer que le recours de la grève tend à être de moins en moins en faveur dans les milieux ouvriers, même socialistes. Le Congrès de Bruxelles (16-23 août 1891) a délibéré ceci :

Considérant que les grèves et mises en interdit sont des armes à deux tranchants, qui, employées mal à propos, peuvent être plus nuisibles qu'utiles aux intérêts de la classe ouvrière ;

Le Congrès recommande aux travailleurs de bien réfléchir et de bien examiner les circonstances dans lesquelles ils doivent user de ces armes ainsi que la façon dont ils doivent s'en servir.

Abbeville, C. Paillart, imprimeur-éditeur.

Je suis pour les trois huit

Les huit heures.

NORBERT, *ouvrier socialiste.*
CHARLES, *tisserand.*
L'AMI DU PEUPLE.

NORBERT, *chantant :*

> C'est huit heures (*ter*).
> C'est huit heures qu'il nous faut.

CHARLES. Ah ! la bonne blague !

NORBERT. Comment ! Ce n'est pas une blague du tout.

CHARLES. Alors tu crois sérieusement que les ouvriers ont intérêt à réclamer la réduction légale de la journée de travail à huit heures, pour les adultes (1) ?

NORBERT. Certainement.

CHARLES. Eh bien, tu te trompes lourdement.

NORBERT. Je me trompe, c'est vite dit ; mais prouve-le.

CHARLES. Tiens, voici quelqu'un qui va te le prouver clair comme le jour.

(1) *Programme de Lyon.* Partie économique, I, § II.

N° 156.

L'AMI DU PEUPLE. Vous discutez, mes amis. Pourrait-on savoir....

CHARLES. Oui, oui, l'ami. Norbert vous le dira ; il vous le chantera même, si vous voulez.

L'AMI DU PEUPLE. Allons, chantez, Norbert.

NORBERT. C'est huit heures qu'il nous faut !

L'AMI DU PEUPLE. Ah ! les Trois-Huit, je connais ça : huit heures de travail, huit heures de sommeil et huit heures de loisir. Est-ce que vous désirez savoir mon opinion là-dessus ?

CHARLES ET NORBERT. Oui,

L'AMI DU PEUPLE. Pour ce qui regarde les huit heures de sommeil, je crois que c'est une mesure de repos très sage. Mais est-ce que la loi a besoin de s'occuper de ce détail ? Les uns dorment plus, les autres moins, selon l'âge, le tempérament, les occupations, l'activité de chacun. On doit pouvoir être libre de dormir comme on l'entend.

NORBERT. Mais il y a des industries dans lesquelles on retient les ouvriers ou les ouvrières de si longues heures au travail, que ceux-ci n'ont plus huit heures de sommeil, si l'on tient compte du temps qu'il leur faut pour aller à l'atelier, en revenir, manger, etc.

L'AMI DU PEUPLE. Je le sais ; et c'est un très grave abus que je condamne hautement. Il y a, notamment à Paris et dans les grandes villes, des ateliers de confection, par exemple, où l'on fait travailler de faibles jeunes filles quinze ou seize heures de la journée. C'est odieux ; et la loi ne saurait punir trop sévèrement une telle exploitation des forces humaines.

NORBERT. Vous voyez !

L'AMI DU PEUPLE. Et c'est pour ces pauvres enfants du peuple que je comprendrais les trois-huit. Ah ! oui, huit heures de sommeil, au moins ; huit heures de loisir qui, pour elles, ne seront pas des heures oisives ; car, rentrée à la maison, l'ouvrière, *surtout si elle est mariée*, doit s'occuper de couture, de lessive, de cuisine. C'est elle qui entretient dans la maison le bon ordre, la propreté, tout ce qui fait que le nid est doux et aimable au père, aux frères, aux enfants. Mais la situation n'est pas la même pour les hommes.

NORBERT. Ainsi vous trouvez que la loi des huit heures n'est pas à proposer.

L'AMI DU PEUPLE. Au moins d'une manière générale. Il y a des professions très dures, très fatigantes qui imposent à l'ouvrier des ménagements particuliers. Le mineur qui arrache la houille aux entrailles de la terre, courbé, agenouillé, accroupi, couché dans des galeries étroites et sans air ; le verrier, l'ouvrier des hauts-fourneaux, des fours à coke, des fabriques de produits chimiques, qui sont exposés constamment au feu ardent des fournaises ou aux exhalaisons malsaines des alambics, ne peuvent fournir qu'un nombre restreint d'heures de travail. Si les employeurs n'ont pas l'humanité de le comprendre, si les associations ouvrières ne sont pas assez fortes pour imposer une limitation convenable, j'estime qu'une loi peut et doit intervenir pour fixer à huit heures, et même à moins, si cela est nécessaire, la journée de ces *travaux exceptionnels*. Mais pour la plupart des industries je crois qu'une telle loi serait nuisible, surtout aux ouvriers.

NORBERT. Comment cela ?

L'AMI DU PEUPLE. Voulez-vous me dire ce que l'ouvrier pourrait bien faire de huit heures de loisir ?

NORBERT. Il se reposerait.

L'AMI DU PEUPLE. Pas huit heures durant, n'est-ce pas ? Dans la plupart des métiers, quand on se porte bien, que l'on fait de bonnes nuits, que l'on a son dimanche libre, avec le temps convenable pour prendre ses repas et un moment de répit avant et après, on n'éprouve pas une fatigue extraordinaire. Si l'on devait se reposer dans ces conditions huit heures par jour, ce repos deviendrait une fatigue.

CHARLES. C'est bien vrai.

L'AMI DU PEUPLE. On chercherait un second métier pour s'occuper en dehors de l'atelier. Et de fait, on voit que certains ouvriers mineurs, dont le travail est dès maintenant réduit à un petit nombre d'heures, se font cultivateurs, dans leurs moments de loisir et le dimanche. Ils ont grand tort, c'est vrai ; ils abusent de leurs forces et ils donnent un funeste exemple, mais enfin cela se voit. Que serait-ce si l'on réduisait uniformément à huit heures la journée de travail pour toutes les professions industrielles ?

NORBERT. L'ouvrier trouverait dans les huit heures de loisir la possibilité d'un développement intellectuel, des relations sociales et d'une *action politique* (1).

L'AMI DU PEUPLE. Ah ! que de grands mots. Cela veut dire d'abord que les huit heures de loisir serviraient à l'ouvrier à s'instruire. Croyez-vous que beaucoup en auraient le goût ? Est-ce que tout le monde est appelé à devenir savant ? Consultez les maîtres d'école ; ils vous diront que sur cent têtes il n'y en a pas ordinairement deux qui soient faites pour les grandes et longues études. Les hommes sont ainsi bâtis pour la plupart qu'ils en ont assez d'apprendre ce qu'on enseigne à l'école primaire : lire, écrire, compter ; un peu de sciences, un peu d'histoire et de géographie, voilà tout. Presque tous, une fois munis de ce bagage, désertent l'école qui les ennuie. Et si vous leur parliez plus tard d'employer à l'étude le temps que l'atelier leur laisserait libre, ils aimeraient mieux reprendre l'outil, plutôt que le livre ou la plume. Cela ne les empêche pas d'être intelligents, de faire honneur à leurs affaires, de lire leur journal, de se tenir suffisamment au courant des affaires du pays. Mais ils ne se sentent pas l'envie de devenir philosophes, ni orateurs, ni publicistes. Et c'est tant mieux, car si tout le monde avait du goût et des aptitudes pour devenir savant, qui est-ce qui voudrait encore être maçon, tisseur, laboureur, etc ?

Vous parlez de relations sociales : dans les conditions actuelles les ouvriers n'en manquent pas. Je

(1) *Programme du Parti Ouvrier*, p. 54.

parle, bien entendu, de ceux qui ne sont pas sur-
menés, qui ont leur dimanche libre et une journée
de travail raisonnable. Ils se voient entre eux bien
plus fréquemment et bien plus aisément que les
bourgeois confinés dans leurs bureaux ou leurs
boutiques, et les métayers perdus, isolés, au fond
des campagnes.

Quant, à la politique, mes amis, permettez-moi
de vous le dire franchement : *moins on en fait,
mieux on fait.*

Certes, l'ouvrier doit savoir pour qui il vote et
voter librement pour qui il veut, mais ce n'est pas
là une affaire de longues études, et l'ouvrier peut
se renseigner sur les choses nécessaires et garder
son indépendance sans consacrer à la politique
huit heures de loisir.

CHARLES. Vous avez bien raison. La politique et
le travail ne vont pas bien ensemble. On ne vit pas
de politique.

L'AMI DU PEUPLE. Dites-moi donc maintenant.
Norbert, ce que la plupart des ouvriers feraient de
huit heures de loisir.

NORBERT. Votre observation m'a frappé. J'avoue
qu'un petit nombre seulement en profiteraient pour
s'instruire et se rendre aptes à servir les intérêts
de leurs frères.

L'AMI DU PEUPLE. Et les autres ?

CHARLES. Les autres iraient au cabaret.

L'AMI DU PEUPLE. Vous l'avez dt : et, comme le
cabaret trop fréquenté est *la principale cause de
la démoralisation et de la misère dans la classe
ouvrière*, la loi des huit heures, si elle était jamais
faite et appliquée, ferait aux ouvriers un mal incal-
culable.

Vous ne dites plus rien, Norbert; vous comprenez
que je suis dans le vrai. Voudriez-vous me dire
maintenant si vous admettez qu'il soit juste de fixer
pour toutes les personnes et pour toutes les professions la même durée de la journée de travail ? Il y
a des métiers très durs, il y en a de très doux ; il y
a des ouvriers robustes, il y en a de faibles. Natu-

rellement, celui qui est fort et adroit et qui a un métier difficile et pénible, gagne plus, dans le même temps, que l'ouvrier moins vigoureux, moins habile, qui exerce une profession plus douce et plus vulgaire. Je suis de complexion délicate ; j'ai de mauvais yeux, une poitrine faible, un estomac capricieux ; je ne saurais descendre dans une mine et y gagner cinq ou six francs en huit heures, comme mes camarades, les rudes et vaillants charbonniers. Je travaille au jour, à un métier qui me rapporte beaucoup moins, mais qui ne me tue pas, et sur lequel je puis sans inconvénient prolonger ma journée de deux ou trois heures, afin de gagner à peu près ma vie. *Et vous voudriez m'empêcher de travailler plus de huit heures, sous prétexte d'égalité ?* Mais ce serait au contraire me condamner à rester dans une *inégalité* douloureuse.

NORBERT. Mais non ! On fera l'unification des salaires. Tout le monde gagnera dans le même temps le même argent, c'est-à-dire de quoi vivre largement.

L'AMI DU PEUPLE Alors personne ne voudra plus exercer les métiers pénibles et périlleux.

NORBERT. On *assignera* à chacun son métier, selon ses aptitudes et ses forces.

L'AMI DU PEUPLE. Ce que vous dites là est tout simplement monstrueux. Ce serait l'homme ravalé au niveau des bêtes de somme, et même plus bas encore. Fatalement, sans rémission et sans espoir, il tournerait la meule, il creuserait la mine, non pas par choix et librement, mais par la volonté implacable de l'Etat, son employeur et son nourricier. Non, jamais on n'a conçu un système plus odieux.

CHARLES. Jamais non plus on ne parviendra à l'appliquer. Il n'y a pas un homme de cœur qui n'aimât mieux manger du pain sec toute sa vie que de faire bonne chère étant esclave.

L'AMI DU PEUPLE. C'est pourtant là que mène logiquement *la théorie socialiste*. On mangerait *peut-être*, mais assurément il n'y aurait plus aucune liberté pour personne dans le nouvel état de choses.

7

NORBERT. Nous voici loin des trois huit !...

L'AMI DU PEUPLE. Revenons-y, si vous voulez. Nous avons dit que huit heures de loisir pour la plupart des professions, ce serait trop. Croyez-vous maintenant que la limitation de la journée de travail à huit heures ne serait pas mortelle pour certaines industries ?

NORBERT. Expliquez-vous.

L'AMI DU PEUPLE. Nous venons de reconnaître que certains ouvriers, s'ils ne travaillaient que huit heures par jour, ne gagneraient pas de quoi vivre. Un grand nombre de patrons seraient, de leur côté, obligés de cesser leur exploitation, s'ils ne pouvaient faire que des journées de huit heures.

NORBERT. Pourquoi ?

L'AMI DU PÉUPLE. Parce que d'abord ils ne se résigneraient pas à employer des ouvriers qui ne gagneraient pas leur vie.

NORBERT. Mais il y aurait *un taux légal, un salaire minimum* déterminé chaque année, d'après le prix des denrées, par *une commission de statistique ouvrière* (1).

L'AMI DU PEUPLE. Qu'entendez-vous par ce minimum légal des salaires ?

NORBERT. Parbleu ! j'entends par là qu'aucun patron ne pourrait employer aucun ouvrier sans lui donner *au moins tant, ce qui serait dit par la loi,* à gagner par jour.

L'AMI DU PEUPLE. Et pensez-vous que cela soit pratique ?

NORBERT. Pourquoi pas.

L'AMI DU PEUPLE. Parce que dans la plupart des industries il est impossible que le chef d'usine, à moins de se ruiner, donne à ses ouvriers un salaire quotidien convenable pour une journée de huit heures de travail. Le prix des marchandises est descendu si bas et les différentes nations se font une concurrence si effrénée qu'il faut absolument arriver à produire à bon marché, si l'on veut continuer de travailler. Dans ces conditions, si l'on

____

(1) *Programme de Lyon*, Partie économique, art. 3.

établissait en France, par exemple, le minimum légal des salaires, concurremment avec la journée de huit heures, *presque toutes les fabriques seraient obligées de fermer*, et ce serait pour la classe ouvrière le commencement d'une misère épouvantable.

NORBERT. J'en conviens : aussi n'arrivera-t-on à établir le minimum et les huit heures que par suite d'une *entente internationale*. Pour que cela se fasse quelque part, il faut que cela se fasse partout en même temps.

L'AMI DU PEUPLE. Très bien dit ; mais cette entente internationale n'est pas près d'être réalisée !

NORBERT. Alors vous pensez que l'on peut laisser l'ouvrier à la merci du patron, au point que celui-ci fassse travailler celui-là autant d'heures qu'il voudra et pour le prix qu'il lui plaira de donner ?

L'AMI DU PEUPLE. Non, mon ami, je ne pense pas cela. Je viens seulement de vous prouver que la limitation de la journée de travail à huit heures serait nuisible à la plupart des industries et à presque tous les ouvriers. Mais j'admettrais facilement que l'on fixât une limite, *variable selon les professions,* à la durée de la journée de travail dans les fabriques ; je voudrais que l'on prît des mesures pour empêcher l'avilissement du prix de la main-d'œuvre dans tous les métiers. Je désirerais que tous les ouvriers pussent gagner largement leur vie sans ruiner leur santé. Mais je crois précisément que la fameuse théorie des huit heures, si elle était jamais appliquée, *empêcherait les neuf dixièmes des ouvriers de trouver du travail et par conséquent du pain.* Pour résumer en un mot mon sentiment au sujet de la journée légale et universelle de huit heures de travail, je pense que c'est *une dangereuse utopie.*

CHARLES. C'est aussi mon sentiment.

L'abbé HÉGO.

Abbeville, C. Paillart, imprimeur-éditeur.

NI DIEU, NI MAITRE

J'ai fini par dire la prière avec la petite.

Egaré par les doctrines socialistes.

— Quel est ton nom ?
— Marie.
— Où est ta mère ?
— A Loyasse (cimetière de Lyon).
— Et ton père ?
— Il est malade et triste, là-bas...
— Eh bien ! conduis-moi à ta maison. »

L'orpheline regarda l'inconnue avec une sorte de crainte ; puis, rassurée sans doute par l'affectneux sourire qui répondait à son regard, elle mit sa petite main glacée dans celle que lui tendait sa nouvelle amie, et se dirigea vers une de ces affreuses demeures, habitées ordinairement par le vice ou par le malheur.

Arrivée au dernier étage, l'enfant ouvre une porte et dit :

— Papa, voilà une dame qui veut vous voir.

— Me voir !... moi !... une dame ! allons donc ! C'est sans doute pour jouir du spectacle de ma misère ! Je suis chez moi ; et bien que je sois pauvre, malheureux, je ne souffrirai point que les riches viennent insulter à ma misère ! Donc, vous pouvez vous en aller, s'écria-t-il en désignant du doigt la porte restée entr'ouverte.

N° **157.**

— Je venais vous offrir des secours, murmura la visiteuse un peu effrayée.

— Je n'ai besoin de rien que de rester tranquille chez moi, sans que l'on vienne se moquer de ma pauvreté, reprend l'homme qui lance par la porte de sa mansarde une pièce de monnaie qui vient d'être déposée sur la table.

Il n'y avait rien à faire... La charitable zélatrice embrasse la petite fille et lui dit tout bas : « Viens me trouver quand tu auras besoin de quelque chose » Puis elle sortit.

Plusieurs semaines s'écoulèrent sans que la douce Marie reparut Madame L... l'aperçut enfin un jour, amaigrie et tout en larmes ; son père qui manquait d'ouvrage, et par conséquent de pain, l'envoyait mendier dans la rue Elle l'emmena chez elle et lui fit raconter son histoire.

— Maman était très bonne ; soir et matin, elle me faisait dire *Notre Père* et *Je vous salue, Marie.* Mon père était bon aussi, mais depuis qu'on est venu chercher maman pour la porter à Loyasse, il est devenu triste, s'est mis à lire de grandes feuilles et ne parle plus de Dieu qu'en se fâchant bien fort.

Ce récit fut un trait de lumière pour Madame L.. Elle fit promettre à la chère petite de dire tous les jours une fois *Notre Père* et dix fois *Je vous salue, Marie,* pour obtenir que son père devînt très heureux, et la renvoya munie d'abondantes provisions.

Un mois après, l'enfant revint chez sa bienfaitrice ; mais cette fois, avec un visage tout joyeux : « Madame, dit-elle, papa voudrait bien vous voir, mais il n'ose pas venir. »

La difficulté fut vite tranchée. Madame L... courut à la mansarde et y trouva l'ouvrier. Si l'aspect du pauvre réduit était le même, on lisait sur le visage du malheureux père l'expression humble et douce du changement opéré dans son âme.

— Madame, dit-il avec respect, je ne sais comment cela est arrivé, mais je ne puis plus me reconnaitre. En entendant la petite réciter tant de fois son *Notre Père* et son *Je vous salue, Marie,* je me suis d'abord impatienté, puis, j'ai fini par le dire machinalement avec elle, en me rappelant que ma pauvre femme le disait aussi... Alors, j'ai pleuré, j'ai senti le regret de ma mauvaise vie, et je me suis reproché mon insolence envers la dame qui a été si bonne pour nous... C'est pourquoi je voulais la voir pour lui demander pardon.

Ce pardon fut accordé sans peine, et Dieu, après avoir purifié, soulagé la misère de l'âme et du corps, par l'entremise de sa généreuse servante, sauva ainsi par elle le père et l'enfant.

Le socialisme, c'est la guerre à Dieu.

Le règne du socialisme, ce serait *la guerre
à la religion*. Le programme socialiste est tout
saturé de matérialisme et d'impiété, et tous les
chefs socialistes sont des impies. Ils savent, du
reste, que l'Eglise catholique condamne et
condamnera toujours leurs attentats contre la
propriété, la liberté et la famille ; ils savent
aussi que la tyrannie, sous laquelle ils voudront ployer nos corps et nos âmes, aura toujours le prêtre pour inflexible adversaire. Le
prêtre leur sera odieux, parce qu'il protège
toujours ici-bas la liberté, le droit et la conscience des opprimés. Donc, guerre à l'Eglise et
mort à ses prêtres, tel sera leur mot d'ordre.

Ecoutons quelques-unes de leurs paroles :

« Oui, il faut le répéter, c'est un des plus
grands devoirs du socialisme et de tous les
hommes de progrès d'anéantir cette pieuvre
séculaire, *le christianisme.* »

(Le Peuple, 7 août 1891.)

« Les conservateurs libéraux nous ont rendu
un grand service.

« Quand ils ont dit au peuple : « Tu ne dois
plus croire au ciel, » quand ils ont écrit sur la
porte de leurs ateliers : « Dieu n'entre pas
ici ; » quand ils ont établi l'enseignement laïc
et exclusivement neutre, ils ont travaillé à faire
disparaître ce que nous considérons comme la
principale entrave à la réalisation de nos désirs,
la Religion. »

(Vander Velde, meeting de la Cour
de Bruxelles, 20 septembre 1894).

« C'est une utopie de croire que la révolution socialiste puisse se faire, tant que les

masses ont la croyance de Dieu. Il est donc de notre devoir de travailler avec dévouement et sans cesse à détruire *la foi religieuse.* »

(Liebknecht, *Ann. parlem.,* 24 janvier 1876.)

« Lorsque nous aurons chassé Dieu du cerveau des hommes, l'autorité humaine par la grâce de Dieu disparaîtra également, et lorsque les hommes auront reconnu le ciel comme un grand mensonge, ils chercheront à se créer leur ciel dans ce monde-ci. »

(Liebknecht, *Social Democrat,* 1880, n° 218.)

« La démocratie socialiste est essentiellement athée. »

(Bebel, disc. au Reichtag, 31 déc. 1881.)

« L'avenir appartiendra à l'athéisme, à la négation de Dieu. Là seul se trouvera le salut de l'humanité qui a si longtemps vendu ses droits pour une folie. »

Liebknecht, *Volkstaat,* 1873, n° 103.)

« Il faut que nous blasphémions; de cette manière *nous en finirons avec la religion.* »

(Liebknecht, *Volkstaat,* 1874, n° 38.)

Le socialisme, c'est l'esclavage.

Les socialistes voudraient faire du pays tout entier une immense caserne ou plutôt une immense prison, où chacun devrait accepter sa place fixée, son numéro d'ordre, sa tâche obligatoire. Un petit nombre de tyrans crierait chaque jour à tous les citoyens : « Voici ce que vous avez à faire ; obéissez, sinon pas de pain. »

Actuellement, l'ouvrier peut chercher son travail là où il le veut, il peut choisir un autre travail quand il le veut, il peut économiser le fruit de son travail, en faire ce qu'il veut et créer lui-même une nouvelle source de travail, comme il le veut. Sous le gouvernement socialiste, tous seront *esclaves à perpétuité*, sans moyen d'échapper à cet esclavage universel et perpétuel.

Voilà un crime, un attentat, le plus monstrueux des crimes et des attentats, un crime et un attentat contre le premier bien, le premier droit de la personne humaine !

Et les socialistes méditeraient de perpétrer cet attentat sur des millions de citoyens !

L'union fait la force.

Voilà le péril qui nous menace dans un avenir peut-être moins éloigné qu'on ne croit.

Que faut-il faire pour le conjurer ?

Il faut d'abord que tous les bons citoyens s'unissent pour combattre la propagande et la puissance grandissante du socialisme. Pas de compromis avec cette colossale et criminelle utopie. Combattons-la toujours de front et à fond, désabusons les masses du prestige attaché à cette fatale doctrine et faisons comprendre à la raison et à la conscience du peuple que, par essence, le parti socialiste est un parti qui déclare une guerre sans trêve ni merci à la propriété, à la liberté, à la famille, à l'ordre social et à la religion. Ne disons donc jamais une parole, ne faisons jamais un acte, qui puisse faire croire au peuple que le parti socialiste est un parti politique comme les autres partis politiques.

Il faut ensuite enlever au parti socialiste tous les griefs qu'il exploite contre notre état social. Sans avoir de leçons à recevoir de lui, encore moins d'injonctions à subir, recherchons et réformons courageusement tous les abus de notre état social. Sachons répudier également l'esprit de routine et l'esprit d'aventure, et avec la hauteur de vues et la générosité de cœur que l'Encyclique *Rerum novarum* inspire, dévouons-nous pour améliorer les conditions du travail manuel et le sort de la classe ouvrière

Arrière la politique de la peur : ne craignons jamais de revendiquer comme nôtres les parties accidentelles du programme socialiste, qui appartiennent, par essence, au programme chrétien de réforme et de progrès social.

CASTELEIN, S J.

Moi socialiste... aller là-dedans !...

Pas très difficile à décrire, la chambre où nous sommes.

Un lit, nne table carrée, quatre chaises à dossier rond, une commode en noyer verni avec un globe dessus. Sur la cheminée, une pendule en cuivre doré, et, aux murs, deux ou trois cadres criards, représentant un feu d'artifice sur la tour Eiffel, la Liberté éclairant le monde, et autres choses palpitantes.

A la fenêtre, un serin chante tant qu'il peut; sur le fourneau, un pot-au-feu en fait autant; dans le coin, à droite, une machine à coudre les accompagne en sourdine.

Tout cela a l'air très propre et presque cossu, à force d'être soigné. Bref, c'est un ménage d'ouvriers bien tenu.

— Laisse-moi la paix !

— Mais enfin, mon ami...

— Je-te-dis-de-me-laisser-la-paix ! Est-ce clair ? Inutile de me *bassiner* plus longtemps avec tes histoires de calotins. Jamais je ne ficherai les pieds dans leur cambuse. Tu entends bien, *jamais !*

— Pourtant...

— Il n'y a pas de *pourtant.* C'est comme ça ! C'est pas parce que c'est demain la première communion de la petite que je changerai d'avis. Et puis, tu sais, si tu répètes encore un mot, je vous colle demain toutes les deux sous clef. Ainsi !... »

A cette menace, la pauvre femme étouffe un gros soupir,

et pour se donner une contenance, fait semblant d'essuyer avec le coin de son tablier, sur la commode, un grain de poussière imaginaire.

Ainsi, elle s'est trompée !

C'est donc en vain qu'elle a espéré, au jour déjà lointain de leur mariage, qu'un jour viendrait où elle partagerait avec son mari les mêmes croyances !

C'est donc en vain qu'elle a, pendant plus de douze ans, lutté, prié, souffert !

Tout cela pour aboutir à quoi ?

A ne pas même obtenir que son mari assiste à la première communion de sa fille !

— D'ailleurs, reprend la voix dure de l'homme, pas de pleurnicheries ! J'aime pas ça, moi ! Et puis, quoi que j'y ferai, dans ton église ? Rester sans rien dire, pendant des heures et des heures, à regarder des tas de singeries qui me font bouillir le sang ! Ah ! non, alors !

— Mais mon ami, tu pourrais...

— Silence ! nom d'un tonnerre ! Moi socialiste, moi libre-penseur, aller là-dedans ; ça s'est peut-être bien vu, *mais ça ne se verra plus jamais !*

Et de nouveau, le silence, — ce silence lourd qui suit les orages, — tomba dans la pièce.

Après avoir ponctué d'un vigoureux coup de poing sa déclaration suprême, le mari s'est assis, bourrant sa pipe, l'air rageur ; il a bourré sa pipe en roulant des yeux féroces ; puis, la tête dans ses mains, s'est mis à faire sa lecture spirituelle dans la *Lanterne*.

La femme, elle, à force de volonté, est parvenue à renfoncer les larmes qui lui brûlent les yeux.

Dieu sait pourtant s'il est dur, le coup qu'elle vient de recevoir !

Cette première communion de leur fille, elle la guettait depuis longtemps, comme le naufragé guette l'éclaircie qui vient, tout là-bas, d'apparaître à l'horizon. C'est un jour si radieux dans tous les foyers ! Tout autour d'elle, les autres mères, ses voisines, ne parlaient que de cela depuis des mois. Partout, les familles entières sont en joie. Grands-parents et vieux amis sont invités et attendus. Les provisions sont faites, la parure blanche des jeunes reines de douze ans s'étale avec des reflets de neige fraîche tombée, tandis qu'ici...

Ici, rien que cet être bourru et désagréable, qui est là, mâchonnant le tuyau de son brûle-gueule et ruminant des blasphèmes.

— Mon bon petit père, le bon Dieu vient de me pardonner mes péchés, et je te demande aussi bien pardon pour toute la peine qne je t'ai faite !

A ces mots qui résonnent doucement derrière elle, comme une légère brise de mai, la mère se retourne tout d'une pièce.

La petite est à genoux devant son père !

Et avant que la pauvre femme toute saisie ait pu faire un geste, arracher un mot de sa bouche, voici que l'enfant recommence.

Et lui ? Lui ! la foudre tomberait entre ses genoux qu'il ne serait pas plus renversé !

Qu'est-ce qu'elle lui chante là, cette gamine ? Encore une leçon que lui a serinée sa bigote de mère, sans doute !

Mais quand, repoussant son journal pour lâcher un jurement, il a regardé l'enfant, il a été pris, lui aussi, à la la gorge, par quelque chose qui le serre, quelque chose qui l'étrangle, et qui, pourtant ne lui fait pas de mal, quelque chose qui pourrait bien être un sanglot.

C'est qu'elle est si jolie, *sa fille*, en ce moment !

Vrai ! jamais il ne l'a vue comme cela. C'est un rayonnement qui s'échappe de son visage ; son front est illuminé, ses cheveux d'or lui font une auréole, ses yeux limpides laissent voir jusqu'au plus intime de son âme, et sa voix... oh ! sa voix, elle a un accent qu'il n'a jamais remarqué et qui le fait tressaillir jusqu'au fond de son être.

Et de la voir ainsi agenouillée devant lui, toute pure et toute candide, toute resplendissante d'un bonheur ignoré et toute gracieuse, dame, il n'y tient plus, et attirant sa fille, il l'embrasse en répétant :

— Ma fille... ma fille... Oui, oui, je te pardonne, ma petite-fille !

Mais l'enfant glisse prestement de ses bras, et la voici, de nouveau à genoux, lui répétant de sa douce voix :

— Maintenant, papa, il faut me bénir !

La bénir ! c'est trop fort ! Est-ce qu'il sait bénir, lui, le vieux sacripant ?... Mais comment faire attendre l'ange agenouillé ? C'est alors que le pauvre homme, en laissant échapper cette fois deux vraies larmes, laisse aussi échapper cette phrase monumentale :

— Tiens, ma fille, je ne suis qu'un fichu animal ! Mais je te bénis tout de même. Allons ! viens, la mère !

Et voilà comment, ces jours derniers, on vit une chose qu'on ne devait plus jamais voir ; à savoir le fameux X..., socialiste et libre-penseur, entrant dans une église, et s'y mettant à genoux pour prier le bon Dieu !

Abbeville, C. Paillart, imprimeur-éditeur.

Les Curés n'y peuvent rien

Le Prêtre au milieu des Ouvriers

Le seul remède efficace.

L'AMI DU PEUPLE
GRÉGOIRE.

L'AMI DU PEUPLE. Vous n'ignorez pas, Grégoire, que bon nombre de vos camarades de travail se montrent injustes envers la religion, à propos des questions sociales.

GRÉGOIRE. Injustes, c'est un peu trop dire ; indifférents, peut-être.

L'AMI DU PEUPLE. Soit. Pourquoi êtes-vous indifférents par rapport à ce que la religion pourrait faire pour le peuple ?

GRÉGOIRE. C'est bien simple : la religion vise

N° **158.**

l'âme, le Ciel, l'autre vie ; tandis que la question sociale a pour objets la vie présente, le corps et la terre. Que demanderions-nous aux prêtres, à leur culte, à leur Evangile ? De la résignation dans nos misères, de la patience vis-à-vis des injustices dont nous souffrons, l'espérance d'une vie meilleure ? Il y a longtemps que la religion *nous berce* avec tout cela. C'est très joli peut-être, la mortification et l'amour de Dieu ; mais cela n'empêche ni la faim, ni la soif, ni le froid, ni les avanies de toute sorte de nous torturer ici-bas. Notre but est d'abord *d'améliorer notre sort matériel* en cette vie ; quand ce sera fait, nous serons plus à l'aise pour songer à l'autre.

L'AMI DU PEUPLE. Bravo !

GRÉGOIRE. Comment, bravo ! Je pensais que vous teniez toujours, quand même, et avant tout pour la religion

L'AMI DU PEUPLE. Certainement.

GRÉGOIRE. Mais alors, puisque vous dites : bravo ! à l'exposé de ma théorie, est-ce que la religion s'occupe d'autre chose que de l'éternité ?

L'AMI DU PEUPLE. Sans aucun doute.

GRÉGOIRE. Cependant, nos journaux, nos livres, nos orateurs socialistes nous disent sans cesse qu'il n'y a rien à attendre de l'Eglise.

L'AMI DU PEUPLE. Ils calomnient l'Eglise impudemment.

GRÉGOIRE. Voudriez-vous m'en donner la preuve ?

L'AMI DU PEUPLE. Très volontiers. Dites-moi d'abord si vous vous rappelez la formule des commandements de Dieu.

GRÉGOIRE. Pas très bien peut-être ; mais j'en sais le sens.

L'AMI DU PEUPLE. Si vous avez le sens des commandements de Dieu, vous allez suivre facilement mon raisonnement :

Un homme peut adorer Dieu et n'adorer que lui seul ; s'abstenir du blasphème et de toute imprécation ; se reposer le dimanche et assister aux offices religieux ; y écouter, avec respect et avec l'intention d'en profiter, l'instruction de son pasteur sur la morale chrétienne ; y prier pour lui-même, pour les magistrats, pour la patrie, pour ses amis et même pour ses ennemis ; remplir exactement ses devoirs de fils ou de père, de maître ou de serviteur ; éviter les querelles, les rixes, les injures, les violences, et, à plus forte raison, les meurtres et le scandale ; pratiquer la sobriété, la retenue, la chasteté propre à son état de vie ; fuir le vol et toute injustice ; ne jamais faire de mensonge ni de faux témoignage ; pousser enfin la vertu jusqu'à chasser de son esprit et de sa volonté toute pensée du mal, tout mauvais désir ;

Ou bien il peut être impie, idolâtre, jusqu'à la folie, des créatures ou de lui-même ; querelleur, ivrogne, impudique, mauvais fils, père insouciant ou barbare, époux infidèle, voleur, avare, menteur, parjure :

Lequel des deux vous semble le plus digne d'être appelé un homme, un bon citoyen ?

GRÉGOIRE. Le premier sans aucun doute.

L'AMI DU PEUPLE. Lequel des deux vous paraît devoir contribuer le mieux par sa conduite personnelle au bon ordre général, à l'honneur de la société ?

GRÉGOIRE. Encore le premier.

L'AMI DU PEUPLE. Lequel des deux, qu'il soit patron ou ouvrier, remplira plus complètement ses devoirs sociaux à l'égard de son prochain ?

GRÉGOIRE. Toujours le premier.

L'AMI DU PEUPLE. Et le point principal de la question sociale n'est-il pas dans la solution de ce problème : *comment les patrons et les ouvriers doivent-ils se comporter, vis-à-vis les uns des autres, pour remplir le mieux possible leurs devoirs, tous leurs devoirs réciproques ?*

GRÉGOIRE. C'est bien cela.

L'AMI DU PEUPLE. Or, je viens de vous faire toucher du doigt que l'observation des commandements de Dieu est précisément le fait de ceux que vous reconnaissez vous-mêmes être les meilleurs des hommes et les plus vertueux des citoyens. N'est-ce pas déjà beaucoup ? Et, rien qu'à ce titre, ne devrait-on pas *conserver, respecter, favoriser la religion* qui prêche ces devoirs et fournit ces éléments précieux des sociétés ordonnées !

GRÉGOIRE. Il me semble que vous êtes dans le vrai.

L'AMI DU PEUPLE. Si après cela, l'honnête homme, l'homme parfait dont je vous ai tracé le portrait idéal, était encouragé à bien faire par la pensée d'une récompense éternelle, quel mal y verriez-vous ?

S'il était réconforté, dans les peines inséparables de toute vie humaine, par l'espoir de cette même récompense, ne serait-ce pas pour lui une raison de plus d'être vertueux ?

S'il était retenu, dans le penchant naturel que nous avons tous pour le mal, par autre chose que les châtiments inhérents au vice ou infligés par les lois humaines, cela ne serait-il pas encore avantageux à cette homme d'abord, et puis à la société ?

GRÉGOIRE. Je le crois ainsi.

L'AMI DU PEUPLE. Vous voyez donc que la pratique des commandements chrétiens, l'espérance du Ciel et la crainte de l'enfer ont leur utilité sociale.

GRÉGOIRE. Je vous ferai remarquer que bien des gens qui se disent chrétiens, n'en sont pas moins de mauvais patrons ou de médiocres ouvriers.

L'AMI DU PEUPLE. Je le sais ; mais s'ils sont vicieux, est-ce la faute de la religion ou la leur ?

GRÉGOIRE. La religion en cela ne les approuve pas ; elle les condamne : c'est donc leur faute à eux seuls.

L'AMI DU PEUPLE. De deux choses l'une : ou bien ceux dont vous parlez sont sincères ou ils sont hypocrites. S'ils sont hypocrites, ils feignent seulement d'avoir la foi et d'être chrétiens, la religion, qui est affaire de conviction et de sincérité, n'a rien à démêler avec eux ; ils ne sont pas de la maison ; leur indignité n'entache pas l'honneur de leur famille. S'ils sont sincères, réellement croyants, tout en se rendant coupables de fautes que la religion condamne, n'est-il pas évident que sans le frein des sentiments religieux, ils seraient pires encore ? Ne faut-il pas reconnaître qu'ils ont dans la religion une ressource pour aller moins loin dans le mal et revenir plus aisément au bien ?

GRÉGOIRE. Il me semble.

L'AMI DU PEUPLE. Je voudrais vous démontrer maintenant que *le bonheur, même matériel*, de l'homme sur la terre dépend en grande partie de la religion.

GRÉGOIRE. Je vous écoute avec plaisir, car tout cela est nouveau pour moi.

L'AMI DU PEUPLE. En quoi consiste le bonheur, d'après vous.

GRÉGOIRE. Ma foi, je ne suis pas philosophe, mais il me semble que si l'homme est *nourri, vêtu, logé convenablement ;* s'il est en paix avec les siens, respecté de ceux qui l'entourent, *tranquille sur l'avenir de ses vieux jours ;* si après cela *il se porte bien*, c'est beaucoup.

L'AMI DU PEUPLE Ajoutez, si vous voulez, à tous ces biens matériels, la paix du cœur, la joie *d'une bonne conscience*, le plaisir d'être juste et bon, modéré dans ses désirs et content de son sort, et vous aurez à peu près le tableau complet de l'homme heureux, autant qu'on peut l'être en cette vie.

Que l'homme soit nourri, vêtu, logé, dites-vous : est-il nécessaire de ne manger que des ortolans, de boire à tire-larigot, de s'habiller de soie et d'habiter un palais pour être heureux ? L'expérience enseigne au contraire qu'une nourriture saine et simple, une boisson modérée, des vêtements solides, dans lesquels on est à son aise, un logement modeste, valent mieux pour l'homme que leurs contraires. Tout le monde d'ailleurs ne peut pas être prince ; les gens de médiocre condition formeront toujours l'immense majorité du genre humain. Or, qu'arrive-t-il à l'homme du peuple qui s'adonne à la gourmandise, qui boit avec excès ? Il vide son gousset, délabre son estomac, rend sa famille malheureuse, descend peu à peu les degrés de l'échelle sociale et devient misérable.

Il eût mieux fait d'écouter la religion qui lui prêchait la sobriété.

Que devient la jeune fille qui recherche trop la toilette ? Elle épuise ses économies, se prive parfois du nécessaire, devient anémique ou poitrinaire et meurt à la fleur de l'âge, victime du plaisir trompeur et souvent déshonorée.

Elle eût été plus sage de suivre la religion qui enseignait la modestie.

Ainsi en est-il de tous ceux qui s'adonnent à leurs passions plutôt que de les réprimer, selon que la religion le recommande.

Une de nos plus douloureuses plaies sociales est le paupérisme, l'extrême misère dans laquelle sont plongées un trop grand nombre de familles. Je suis loin de nier que la maladie, le chômage, la concurrence effrénée, l'avilissement des salaires, l'isolement du travailleur dans *la lutte pour la vie*, n'en soient souvent les causes principales. Mais l'évidence de la vérité doit nous faire avouer que l'inconduite, l'ivrognerie, la paresse, toutes choses que la religion réprouve, font encore un plus grand nombre de victimes.

GRÉGOIRE. C'est vrai.

L'AMI DU PEUPLE. Lors donc que la loi religieuse prescrit aux chrétiens d'éviter tous les vices, elle prévient bien des misères, et, si elle était bien observée, il y en aurait infiniment moins. Voyez-vous maintenant l'utilité sociale de l'Eglise ?

GRÉGOIRE. Je la vois.

L'AMI DU PEUPLE. Ajoutez à ce que je viens de dire que les riches, les maîtres, ceux que vous appelez les heureux sur la terre, trouvent dans la religion une autorité qui leur impose de la manière la plus impérieuse, c'est-à-dire en conscience, le bon usage de leur fortune. Il leur est ordonné, sous peine de damnation éternelle, d'exercer la charité envers les pauvres, de payer à l'ouvrier un juste salaire, de ne pas s'attacher aux biens de ce monde. Croyez-vous que tout cela soit sans influence sur la conduite d'un grand nombre ? Est-ce que tout cela par conséquent ne profite pas au bien général ?

GRÉGOIRE. Je le reconnais et je me rends compte maintenant que ceux-là commettent une calomnie, qui accusent l'Eglise de se désintéresser ou d'être impuissante vis à vis de la question sociale.

L'AMI DU PEUPLE. Aussi serait-il sage et utile à la classe laborieuse, au lieu de repousser l'action bienfaisante de l'Eglise, de l'accueillir et d'en profiter.

Relisez l'admirable encyclique du pape Léon XIII, sur la Condition des ouvriers (1), vous y trouverez la vraie, la seule solution pratique des problèmes qui divisent le monde du travail. Si la voix du Saint-Père était écoutée de tous, le bonheur et la paix reviendraient comme par enchantement.

Ecoutez seulement cette page :

« Toute l'économie des vérités religieuses, dont l'Eglise est la gardienne et l'interprète, est de nature à rapprocher et à réconcilier les riches et les pauvres, en rappelant aux deux classes leurs devoirs mutuels, et avant tous les autres, ceux qui dérivent de la justice.

« Parmi ces devoirs, voici ceux qui regardent *le pauvre* et *l'ouvrier* : il doit fournir intégralement et fidèlement tout le travail auquel il s'est engagé par contrat libre et conforme à l'équité ; il ne doit pas léser son patron ni dans ses biens ni dans sa personne ; ses revendications mêmes doivent être exemptes de violences et ne jamais revêtir la forme de séditions ; il doit fuir les hommes pervers qui, dans des discours artificieux, lui suggèrent des espérances exagérées et lui font de grandes promesses, qui n'aboutissent qu'à de stériles regrets et à la ruine des fortunes.

« Quant aux *riches* et aux *patrons*, ils ne doivent point traiter l'ouvrier en esclaves ; il est juste qu'ils respectent en lui la dignité de l'homme, relevée encore par celle du chrétien. Le travail du corps, au témoignage commun de la raison et de la philo-

(1) *Rerum Novarum*, 15 mai 1891.

sophie chrétienne, loin d'être un sujet de honte, fait honneur à l'homme, parce qu'il lui fournit un noble moyen de sustenter sa vie. Ce qui est honteux et inhumain, c'est d'user de l'homme comme d'un vil instrument de lucre, de ne l'estimer qu'en proportion de la vigueur de ses bras.

« Le christianisme, en outre, prescrit qu'il soit tenu compte des intérêts spirituels de l'ouvrier et du bien de son âme. Aux maîtres il revient de veiller qu'il y soit donné pleine satisfaction ; que l'ouvrier ne soit pas livré à la séduction et aux sollicitations corruptrices ; que rien ne vienne affaiblir en lui l'esprit de famille, ni les habitudes d'économie. Défense encore aux maîtres d'imposer à leurs subordonnés un travail au-dessus de leurs forces ou en désaccord avec leur âge et leur sexe.

« Mais parmi les devoirs principaux du patron, il faut mettre au premier rang celui de donner à chacun le salaire qui convient... Que le riche ou le patron se souviennent, qu'exploiter la pauvreté et la misère et spéculer sur l'indigence, sont choses que réprouvent également les lois divines et humaines. Ce qui serait un crime à crier vengence au ciel, serait de fruster quelqu'un du prix de ses labeurs. *Voilà que le salaire... que vous avez dérobé par fraude à vos ouvriers crie contre vous, et leur clameur est montée jusqu'aux oreilles de Dieu des armées* (1). »

Qu'on ose encore dire, après avoir médité ces enseignements si élevés et si pratiques, que l'Eglise ne s'occupe que des choses de l'autre monde. *Elle procure le bien*, comme dit saint Paul, *non seulement devant Dieu, mais encore devant tous les hommes* (2).

Ceux qui prétendent le contraire sont des ignorants ou des gens de mauvaise foi.

L'abbé HÉGO.

(1) *Nouveau Testament*, EPIT. de S. Jacques, c. v, 4.
(2) EPIT. aux Rom., c. XII, 17.

Abbeville, C. Paillart, imprimeur-éditeur.

PLUS DE PATRIE

Clovis s'écria... « J'ai juré de le servir »

Les origines de la France.

Quelque temps après la victoire de Tolbiac, Clovis ordonna à ses soldats de s'assembler comme ils avaient coutume de le faire quand ils se préparaient au combat : *Fils des Francs, leur dit-il, courageux compagnons de mes exploits, vous vous souvenez des dangers de la dernière bataille : nous faiblissions devant des soldats innombrables, lorsque le Dieu de Clotilde que j'ai invoqué est venu me secourir. J'ai juré de le servir désormais. Voulez-vous, comme moi, dédaignant des divinités impuissantes, adorer celui qu'adorent Clotilde et les chrétiens, celui dont Remi est le ministre.*

Soudain un cri d'approbation interrompt ces paroles, et

le plus grand nombre des soldats répond : *Nous renonçons à nos dieux mortels et nous sommes prêts à servir le Dieu dont Remi proclame la grandeur et l'immortalité.*

Clovis fut baptisé le jour de Noël de l'an 496. On porte à plus de trois mille hommes le nombre de ceux qui succédèrent à la famille royale sur les fonts baptismaux. Ils appartenaient tous à l'élite de la cour et de l'armée.

Grande fut la joie du peuple chrétien quand il vit entrer dans son sein le chef victorieux et redouté des Francs. Bientôt Clovis, avec les encouragements et les conseils de saint Remi prit les armes contre le roi des Burgondes qui persécutait les évêques et les catholiques et le força à se rendre tributaire.

Plus tard il marcha contre Alaric II, roi des Visigoths, aussi persécuteur, et les populations catholiques se montrèrent empressées à se ranger sous le sceptre d'un roi qui professait la même foi.

Le baptistère de Reims avait été le point de départ de la formation de notre patrie, la France.

La Patrie, le Drapeau, le Socialisme.

L'AMI DU PEUPLE.
PHILIPPE.

L'AMI DU PEUPLE. Vous venez de déjeuner, Philippe ?

PHILIPPE. Oui, l'ami ; encore un que les Prussiens n'auront pas.

L'AMI DU PEUPLE. Les Prussiens ? Vous les considérez donc toujours comme nos ennemis, puisque vous ne voudriez pas partager avec eux votre déjeuner ?

PHILIPPE. Certainement.

L'AMI DU PEUPLE. Vous ne professez donc pas les idées des socialistes sur les questions internationales ?

PHILIPPE. Ma foi, j'avoue que je ne sais pas si les socialistes ont des idées particulières sur les questions internationales.

L'AMI DU PEUPLE. Vous êtes peu au courant de ce qui se passe. Pour ne vous citer que quelques faits: le 14 octobre 1890, le député Ferroul et Jules Guesde fraternisaient à Halle, au nom du parti ouvrier français, avec les délégués de la démocratie socialiste allemande.

Le député allemand Liebknecht a été accueilli en 1892, au congrès Marxiste de Marseille, mieux que ne l'auraient été le comte de Mun, le cardinal Lavigerie, le curé de Fourmies ou le pape Léon XIII.

La fête du Premier Mai est la fête de l'internationale, c'est-à-dire de cette association révolutionnaire universelle, qui rejette toute idée de patrie (1), et qui, au lieu du drapeau national, arbore le drapeau rouge (2).

Que vous en semble, Philippe?

PHILIPPE. Euh ! Est-ce que tous les socialistes en sont là ?

L'AMI DU PEUPLE. Pas encore, mais si la propagande faite par les chefs du socialisme, qui sont presque tous des étrangers (3), continue de se faire en France avec l'ardeur et le succès que nous lui voyons actuellement, l'amour de la patrie française et du drapeau tricolore aura bientôt disparu des masses ouvrières. Est-ce que tout récemment le citoyen Branquart, adjoint au maire de Roubaix, n'arborait pas le drapeau rouge dans un enterrement civil ?

(1) Voir le chant du *Premier Mai,* dans l'*Almauach du Parti Ouvrier pour* 1892. Lille, 28, rue de Fives.

(2) Voir ibid., au dernier couplet :

> . . . .
> Lorsque nous crions : En avant !
> Sur notre élan la terre bouge,
> Et sur notre front claque au vent
> Le grand frisson du drapeau rouge.

(3) Les noms des principaux docteurs en socialisme sont caractéristiques. Voir l'article intitulé : *Le Berceau du Géant,* par Jules Guesde (*Almanach du Parti Ouvrier pour* 1892); p. 85. On y cite les Weitling, les Karl Schapper, les Henrich Baüer, les Moll, les Engels, les Karl Marx, les Wolff, les Liebknecht, etc. Ravachol s'appelait Kœnigstein, Lafargue est un cosmopolite, gendre de Karl Marx, l'allemand.

PHILIPPE. Il n'a pas été approuvé par la masse des ouvriers.

L'AMI DU PEUPLE. J'aime à le croire. Ceux qui sont des Français de France, qui sont nés sur le sol français, qui ont étudié l'histoire nationale, qui ont servi bravement le pays dans l'armée française, ceux-là restent fidèles aux trois couleurs. Mais il y en a tant d'autres.

PHILIPPE. Des citoyens français ?

L'AMI DU PEUPLE. Eh ! oui, des citoyens naturalisés par fournées, qui ne sont français que légalement, et non de cœur. C'est parmi eux surtout que se rencontrent les partisans du drapeau rouge et de l'Internationale. Et la propagande qu'ils font, leurs déclamations humanitaires, leurs appels incessants à la fraternité universelle, dans laquelle ils prétendent trouver le bonheur pour tous les peuples, tout cela leur attire des adeptes et démoralise plus ou moins profondément la classe ouvrière.

PHILIPPE. Ils ne m'empêcheront toujours pas, moi, de rester Français, bon Français, et de crier à l'occasion : Vive la France ! A bas...

L'AMI DU PEUPLE. Doucement, Philippe. Il n'est nullement utile de crier à bas quelque nation que ce soit. La paix règne : gardons la paix. Il est même désirable que les différents pays s'accordent entre eux pour régler certaines questions qui intéressent les ouvriers du monde entier. Si l'on veut, par exemple, arriver à fixer une limite à la journée du travail dans les fabriques, il est de toute nécessité de provoquer sur ce point une entente internationale. Les gouvernements, les associations professionnelles des divers peuples peuvent et doivent se concerter en vue d'un accord commun qui sera profitable à tous. C'est ce qui se fait déjà pour une foule de choses : les conventions postales et monétaires, les traités d'extradition, les traités de commerce, les tarifs douaniers, etc. Pourquoi cela ne se ferait-il pas aussi pour les conditions du travail dans les manufactures !

PHILIPPE. Mais il n'est nullement nécessaire pour

cela de renverser toutes les frontières et d'abolir jusqu'à l'idée de la patrie : je le comprends très bien.

L'AMI DU PEUPLE. Non seulement cela n'est pas nécessaire, mais cela serait funeste aux causes mêmes que l'on prétend servir.

PHILIPPE. Je suis curieux de vous l'entendre prouver.

L'AMI DU PEUPLE. D'abord il n'est pas bon de pervertir dans l'âme du peuple un sentiment aussi légitime et aussi utile que l'amour de la patrie. D'instinct, nous nous attachons au sol natal, à la terre qu'ont habitée et cultivée nos ancêtres. Le Créateur nous a ainsi faits ; et c'est déformer son œuvre que d'étouffer en nous cette affection. Or, ce n'est jamais sans dommage pour l'homme qu'on le fait dévier de la voie que lui a tracée la nature. S'il perd n'importe laquelle de ses aptitudes morales, s'il renonce à l'un ou l'autre de ses devoirs, l'homme est entamé, amoindri ; et il risque d'être moins apte à remplir les autres obligations naturelles que sa condition lui impose. Pour parler d'une manière moins vague et moins théorique, celui qui renonce à aimer son pays est bien près de renoncer aussi à aimer sa famille.

PHILIPPE. De fait, beaucoup de socialistes vivent fort irrégulièrement.

L'AMI DU PEUPLE. D'un autre côté, on aura beau faire : on ne pourra jamais empêcher les divers pays d'avoir des intérêts différents, et les hommes de songer toujours et tout d'abord à leurs propres intérêts. Il y aura donc toujours des conflits. De quelle manière les citoyens feront-ils mieux valoir les droits des groupes, auxquels ils appartiennent : réunis par nations, ou isolés dans la cohue immense et hétérogène de la république universelle ?

Poser une telle question c'est la résoudre. Il est évident que, si toutes les nationalités étaient confondues, les plus petits et les plus faibles parmi les groupes sociaux seraient sacrifiés aux plus nombreux et aux plus forts, car il faudrait bien s'en rapporter à ce que voudrait le plus grand nombre. Au lieu que dans le système des nations multiples, distinctes et indépendantes, chaque pays s'organise, se défend, se protège chez lui comme il l'entend, au mieux de ses intérêts particuliers, sauf à se mettre d'accord par voie diplomatique avec les autres pays au sujet des intérêts généraux. Les ouvriers ne gagneraient rien, au contraire, à bouleverser l'organisation du vieux monde, pour aboutir à une entente internationale, qui peut facilement se concilier avec le maintien du sentiment patriotique.

PHILIPPE. C'est vrai. Vous me permettrez d'ajouter une réflexion qui me vient à l'instant : tous ces bons apôtres qui nous arrivent en France de tous les points de l'horizon, pour nous prêcher la solidarité internationale, tous ces gens aux noms exotiques, aux relations suspectes, au passé inconnu, oseraient-ils prétendre qu'ils représentent l'opinion générale des peuples qui nous entourent, qui ont été, qui sont ou qui seront nos ennemis, nos rivaux, nos concurrents ? Quand les *meneurs socialistes fraternisent* avec les Allemands, les Anglais, les Italiens, les Yankees, ne se souviennent-ils plus que les Allemands nous ont fait une guerre de race, aussi féroce et aussi meurtrière qu'il leur a été possible de la faire ? que les Anglais nous battent et nous pillent sur tous les marchés du monde ? que les Italiens crachaient naguère encore au visage de nos compatriotes, en criant : Vive Sedan ! que les Américains, républicains et démocrates, se sont entendus à merveille pour faire contre notre commerce et notre industrie, et par conséquent contre nos ouvriers, leurs bills Mac-Kinley ?

Ils répondront que ce sont là des faits imputables aux gouvernants : mais c'est faux. Les peuples de ces pays hostiles à la France ont des gouvernements qui représentent fidèlement leurs opinions : c'est le peuple allemand qui nous hait ; ce sont les commerçants anglais et américains qui nous jalousent ; c'est la populace italienne qui nous méprise. Et l'on voudrait que pour complaire aux révolutionnaires de tous les pays, l'ouvrier français cessât d'aimer la France! L'on voudrait lui faire fouler aux pieds le drapeau tricolore, symbole de nos gloires et de nos libertés, pour acclamer la *loque rouge*, emblême de trahison et de sang!

Cela n'a pas le sens commun.

La patrie française nous restera toujours chère. Nous voulons la France prospère, libre et forte ; nous voulons les Français unis, laborieux et heureux autant que possible ; nous voulons la paix, la bonne harmonie entre les peuples et le concert de toutes les nations en vue du bien de tous, et particulièrement de l'amélioration du sort des travailleurs : mais qu'on le sache bien, si des hommes infatués de leurs utopies ou animés de desseins pervers, viennent nous parler de renier notre patrie et notre drapeau, nous *les considèrerons comme des imbéciles ou des traîtres*.

L'AMI DU PEUPLE. Et vous ferez bien.

L'abbé Hégo.

<div align="center">~~~~~~</div>

La France... elle est là.

Après la guerre de 1870, un inspecteur prussien visitait une école d'Alsace. Il avise un élève en deuil.

— *Quel âge as-tu ?*

— *Douze ans.*

— *Ton nom ?*

— *Jean Sbhwab.*

— *Et ton père ?*

— *Mort pour le pays.*

— *C'est bien, mais puisque tu étudies la géographie, dis-moi les principales nations de l'Europe ?*

— *La France.*

— *Pourquoi la France d'abord ? Apprends que la plus illustre, la plus puissante, la plus riche nation, c'est l'Allemagne.*

L'enfant tout pâle réplique :

— *La France.*

— *Tu es fou ; tu ne saurais pas même indiquer sur la carte la place de la France.*

Le jeune Alsacien se lève au milieu de ses compagnons empourprés, et d'une main ferme, entr'ouvrant son vêtement de deuil, il frappe sa petite poitrine :

— *La France,* dit-il, *elle est là, Monsieur, dans mon cœur.*

L'enfant avait raison : c'est dans le cœur que vit le patriotisme, et c'est le patriotisme qui fait la patrie.

* *
*

Dans la guerre de 1870, les Prussiens assiégeaient Metz. D'un hameau voisin, il n'était resté qu'une jeune paysanne avec un petit frère. Elle entend un cliquetis d'armes, puis un coup à sa porte. Silence. On redouble, on menace. Elle ouvre, elle est forcée de servir un repas. Après le repas, on l'interroge :

— *Il y a deux heures, un détachement a passé par ici ; quelle direction a-t-il prise ?*

La jeune fille pâlit :

— *Est-ce à moi qu'il faut demander où sont nos soldats ?*

— *Parle, ou de force on t'arrache ton secret.*

— *Faites-vous donc la guerre aux femmes ?*

— *Assez causé ; nous n'avons pas de temps à perdre ; sors et va t'appuyer contre cet arbre. — Et vous, soldats, couchez en joue. — A présent, réponds, ou tu seras fusillée.*

— *Une deuxième fois, parle.*

— *Pas un mot.*

— *Une troisième fois, parle.*

— *Rien.*

Et à peine a-t-elle eu le temps d'achever une prière, Suzanne Didier tombe percée de balles.

*
* *

Vive la France ! — A bas la Sociale.

Abbeville, C. Paillart, imprimeur-éditeur.

Où nous mène le socialisme?

Un homme d'action.

La vie de M. Dutilleul, patron catholique d'Armentières, est, croyons-nous, la plus admirable réalisation de la formule tant prônée : *Allons au peuple !* Aller au peuple n'était pas pour lui *une belle métaphore*, il organisa dans les estaminets de la ville ses *Sociétés de vingt*, transforma sa fabrique, triompha dans les élections, et les soldats qu'il avait exercés à soutenir la cause de la religion et de l'ordre, continuent à faire face à l'ennemi, qui est la révolution et l'impiété.

Les sectes ne pouvaient lui pardonner ses luttes et ses victoires. Leur haine le désigna aux violences d'un jeune ouvrier socialiste. Ces prétendus amis du pauvre peuple devraient bien choisir un peu moins au hasard les victimes de ce

L'assassin déchargea contre lui cinq coups de revolver.

qu'ils nomment leur justice, c'est-à-dire de leurs rancunes. Le père du jeune *vengeur* avait été, dans sa dernière maladie, durant six semaines, l'objet des prévenantes charités de M. Dutilleul, qui l'avait fait soigner par les Sœurs de l'usine. Mais chez les socialistes aussi, la haine est aveugle; et la reconnaissance est sans doute un sentiment trop bourgeois pour que l'on y prenne garde.

N° **160.**

Le 27 janvier 1890, l'assassin vint chercher M. Dutilleul dans son propre domicile et déchargea contre lui cinq coups de revolver à bout portant. Dieu parut protéger visiblement cette vie toute dévouée au bien. Atteint en plein visage, M Dutilleul n'éprouva aucune émotion : « Je le vis, raconte M. l'abbé Coulomb, quelques jours après l'attentat, il avait essuyé ces coups de feu sans jeter un cri, sans lever la main sur le misérable, sans broncher enfin : et il me faisait cet aveu dans l'intimité : « Je suis heureux ; je sais maintenant ce que c'est que de se trouver en face de la mort. Je me disais bien quelquefois que je saurais rester ferme dans le péril ; mais je n'en avais point fait l'expérience. Désormais, avec la grâce de Dieu, je puis répondre de moi. »

Malheureusement sa robuste santé fut moins forte que son courage ; au dire de plusieurs, cet odieux attentat produisit sur celui qui en fut l'objet une commotion physique et un ébranlement tel qu'il ne s'en releva pas.

Où allons-nous ?

ROBERT, *employé de fabrique.*
L'AMI DU PEUPLE.

L'AMI DU PEUPLE. Vous voilà tout pensif, M. Robert. Est-ce que vous avez quelque chagrin, quelque inquiétude ?

ROBERT. Pas précisément : je réfléchissais à la situation que nous prépare l'agitation socialiste.

L'AMI DU PEUPLE. Pensez-vous que cette agitation aboutisse au triomphe des idées nouvelles ?

ROBERT. Je le crains.

L'AMI DU PEUPLE. Et vous rendez-vous compte des ruines irréparables qu'entraînerait cette révolution ?

ROBERT. Je m'occupe d'abord de ce qui me regarde : je commencerai par perdre mon emploi ; mon patron perdra son usine ; heureux s'il nous est permis à l'un et à l'autre de sauver notre tête et d'aller mourir de faim sur la terre d'exil. Les ouvriers essaieront de faire marcher l'affaire à leur compte ; mais, comme ils voudront tous gagner autant les uns que les autres, c'est-à-dire beaucoup d'argent en travaillant le moins et le plus doucement possible (1), ils auront bientôt fini de tout gâter. L'argent fera défaut ainsi que les commandes et le crédit. On fermera, puis on brûlera la boutique, devenue alors un vrai bagne ; on pillera, on tuera partout : on fera durant quelques jours une noce infernale, et puis ce sera pour les survivants une misère, telle qu'on n'en aura jamais vu de pareille.

L'AMI DU PEUPLE. C'est en effet là que l'on s'en va tout droit avec les théories socialistes. Mais ce ne sont pas là tous les malheurs qu'amènera la révolution sociale, si ardemment préparée par les meneurs du soi-disant parti ouvrier.

ROBERT. Il est évident que la ruine de notre usine et de notre industrie ne sera pas un fait isolé. La même chose se passera partout à la fois, et la France entière sera réduite à une pauvreté épouvantable.

L'AMI DU PEUPLE. Nous serons alors, économiquement et politiquement, d'autant mieux à la merci de nos ennemis, que, n'ayant plus de commerce ni d'argent, nous n'aurons plus davantage d'armée. Vous savez que le Programme de Lyon, ce fameux programme en dehors duquel, suivant Jules Guesde et Lafargue, il n'y a point de salut pour le peuple, demande l'abolition des armées permanentes et l'armement général de la nation (2).

ROBERT. C'est alors, c'est quand nos ressources militaires, si péniblement accumulées depuis vingt ans, auront été détruites, que l'on verra ce qu'il fallait penser des Allemands, des Italiens et des Anglais, qui venaient chez nous prêcher l'Internationale.

L'AMI DU PEUPLE. L'armement général du peuple, vous dira-t-on, voilà ce qui sauvera le pays.

(1) Qu'on ne nous accuse pas de calomnier les intentions des socialistes. L'un de leurs faux prophètes, Lafargue, a fait un livre exprès pour glorifier la *Paresse*. Il a la prétention d'appuyer sa théorie insensée sur l'Ecriture. Il n'y a point lu, le malheureux, ce passage décisif : *Qui sectatur otium, stultissimus est* : Celui qui recherche l'oisiveté est un grand sot. Prov. XII, 11.

(2) Partie politique. Art. 4.

ROBERT. Oui, oui ; le soulèvement national ; la patrie en danger ; cinq millions de conscrits à la frontière, où Bebel et Liebknecht viendront, la bouche en cœur et les bras ouverts, pour les recevoir : il faut être bien naïf ou bien criminel pour se laisser prendre à ces bêtises-là. La vérité, c'est que les fusils, s'ils viennent jamais à être mis entre les mains de la multitude, trompée, passionnée, aveugle, ne serviront qu'à une chose : à des luttes fratricides entre les Français, luttes terribles ou plutôt massacres affreux, auprès desquels le meurtre de Watrin et la fusillade de Fourmies ne seront plus que de la Saint-Jean.

L'AMI DU PEUPLE. Peste ! vous broyez du noir, M. Robert. Vous savez bien que ces choses-là ne sont plus de notre temps ; on ne reverra plus les abominations d'autrefois.

ROBERT. Je me fâcherais, si je ne savais que vous plaisantez. Nos contemporains ne sont ni meilleurs ni pires que leurs devanciers. Avant la Révolution dont nous célébrons peut-être un peu étourdiment le centenaire, on ne parlait que d'Humanité, de Bienfaisance et de Sensibilité ; et l'on vit peu après, d'un bout à l'autre de la France, de telles atrocités, que l'on crut être revenu aux époques les plus barbares Comme toujours, ce fut le pauvre peuple qui fournit le plus grand nombre de victimes à la canaille déchaînée. Quelques années avant la guerre fatale, la France se croyait arrivée à l'apogée de la civilisation, et Paris s'enorgueillissait du titre de Ville-Lumière. La Commune, avec ses assassinats véritablement monstrueux, vint révéler au monde la férocité bestiale de notre génération fin de siècle (1).

(1) Les révolutionnaires de tout poil, depuis le loup opportuniste déguisé en agneau bêlant, jusqu'au chacal anarchiste, prêt à s'humaniser, dès qu'il sera pourvu, conspirent pour étouffer sur ces horreurs la voix de la vérité historique. — Les manuels d'histoire à l'usage des enfants des écoles primaires en particulier, sont rédigés d'une façon scandaleuse sur ces points importants de notre histoire. A l'heure qu'il est, les neuf dixièmes de nos compatriotes ignorent complètement les horreurs de 93 et les monstruo-

Et depuis, n'avons-nous pas eu des crimes sans nom, toujours se multipliant à mesure que l'on généralise pratiquement cette formule : ni Dieu, ni maître ? N'avons-nous pas connu un Billoir qui a fait école, un Jack l'Eventreur, malfaiteur multiple et introuvable, un Ravachol que trop de Français admirent ?

L'AMI DU PEUPLE. Ah ! pour celle-là, c'est trop fort : on n'admire pas les Ravachol.

ROBERT Je vous demande pardon. Non seulement on les admire, mais on excite publiquement les citoyens à les imiter.

« Dans la société communiste de l'avenir, dit Paul Lafargue, que nous fonderons « pacifiquement si possible, *sinon violemment*, les passions des hommes auront la bride sur le cou (1). »

L'AMI DU PEUPLE. Ce sera du propre.

ROBERT. Les journaux qui sont en possession de former l'opinion du monde ouvrier (2) contiennent dans presque tous leurs numéros des articles d'une violence inouïe, où l'on exhorte les travailleurs à se servir, au besoin, de la dynamite contre leurs patrons.

L'AMI DU PEUPLE. Et l'on n'en voit que trop les effets, car jamais on n'a vu tant d'attentats contre les personnes et les propriétés.

ROBERT. Et vous dites que l'on ne reverra plus les horreurs d'autrefois ?

L'AMI DU PEUPLE. Je ne le disais que pour vous mettre en verve. Je suis convaincu comme vous que la lie du peuple, celle qui forme l'armée du désor-

sités de la Commune. MM. Taine et Maxime du Camp passent pour d'infâmes réactionnaires pour avoir écrit des chefs-d'œuvre d'impartialité et d'indignation, à propos de la Révolution et de la Commune. Qui donc nous donnera des brochures populaires, véridiques, saisissantes par le seul exposé de la vérité toute nue, sous ces titres : *Les Horreurs de 93* et *Les Crimes de la Commune de Paris.*

(1) *Le Droit à la Paresse*, p. iv.

(2) *La Défense des Travailleurs*, Fourmies ; *Le Travailleur, Le Réveil du Nord*, Lille ; *La Question sociale*, Bordeaux ; *La République sociale*, Narbonne, etc., etc.

dre, du vol et de l'assassinat, n'a fait de progrès que pour le mal ; et que les honnêtes gens, qui devraient, le cas échéant, faire la résistance, sont plus timides, plus poltrons et plus égoistes que jamais. Aussi mon sentiment est-il que le triomphe du socialisme, s'il arrive, sera marqué par un véritable carnage.

ROBERT. Que de vies humaines seront alors sacrifiées ; que d'intelligences éteintes, que de caractères perdus pour ce qui restera, après la catastrophe, de la société !

L'AMI DU PEUPLE. A ces ruines, il faut malheureusement en ajouter d'autres. Notre armée ayant été abolie, nos richesses nationales gaspillées, l'élite de notre population massacrée, il resterait à la France une ressource, qui pourrait assurer dans l'avenir son relèvement moral et matériel...

ROBERT. Laquelle ?

L'AMI DU PEUPLE. La religion.

ROBERT. Ah ! bien, oui ! la religion ; ce sera la première victime. Vous connaissez l'article 2 de la partie politique du Programme de Lyon :

« Suppression du budget des cultes et retour à la nation des biens dits de mainmorte, meubles ou immeubles, appartenant aux corporations religieuses. »

Les socialistes ne s'avisent pas que supprimer le budget des cultes, c'est supprimer le culte uniquement chez les pauvres, dans les pays où les habitants, ayant à peine de quoi vivre eux-mêmes, sont obligés de compter sur le budget de l'Etat pour faire vivre le prêtre dont ils ont besoin s'ils veulent accomplir les devoirs que leur impose leur conscience. Mais qu'importe aux socialistes la conscience des pauvres ?

Ils entendent voler ou, selon leur langage spécial, exproprier ceux qu'ils appellent les expropriateurs. Or, les bourgeois de 1789 leur ont montré la voie, en abolissant sans indemnité les dîmes ecclésiastiques. Ils se couvrent de ce précédent, que toute l'opinion révolutionnaire excuse depuis un siècle, et ils estiment que *la classe ouvrière, une fois entrée dans la*

*voie des restitutions opérées de haute lutte, il n'y
a pas de risque que, mise en appétit, elle s'arrête.
C'est par la propriété ecclésiastique qu'on com-
mence, c'est par la propriété capitaliste qu'on
finira* (1).

L'AMI DU PEUPLE. On confisquera donc les églises,
les presbytères, les couvents, les orphelinats, les
asiles de vieillards, les écoles chrétiennes ; on prendra aux religieux, aux religieuses, aux prêtres, aux
associations laïques elles-mêmes s'occupant d'œuvres pies, leurs livres, leurs tableaux, leurs meubles
de toute nature, leurs vêtements même et surtout
leur caisse. Tout cela sera pillé, vendu à vil prix,
mis en pièces. Il entrera dans les coffres de l'État,
ou dans les poches des particuliers, quelques
millions qui seront bientôt dévorés. Puis, la tem-
pête socialiste ayant passé, comme on s'apercevra
qu'il est impossible à un peuple de vivre sans religion, que la religion, vu l'opinion de l'immense
majorité des citoyens, est le premier grand service
public, auquel toute nation civilisée doit pourvoir,
il faudra, comme il y a cent ans, réparer toutes ces
ruines, qui n'auront profité à personne.

ROBERT. Pardon : une poignée de *Juifs* sans foi
et sans patrie auront acheté pour une pièce de pain
des établissements charitables, dont ils feront des
hôtels ou des châteaux. Ils y déroberont aux regards
de la vile multitude les chefs-d'œuvre de la statuaire
et de la peinture chrétiennes, que jadis les enfants
du peuple pouvaient tous les jours admirer librement dans les églises. Pendant ce temps-là, les
vieillards pauvres, les malades, les orphelins mour-
ront d'inanition à la porte des *hospices laïques*,
rares et encombrés, et l'on finira peut-être par comprendre que la mainmorte avait du bon, lorsqu'elle
était tenue, avec un vrai luxe d'impôts spéciaux et
de restrictions légales, par les Filles de la Charité,
les Petites-Sœurs des Pauvres et les Frères de
Saint-Jean de Dieu.

L'AMI DU PEUPLE. Pourquoi ne sont-ils pas là, pour

(1) *Le Programme du Parti Ouvrier*, p. 38-39.

vous entendre, tant de pauvres ouvriers français, égarés par une propagande sans moralité, aigris par des inégalités sociales vraiment odieuses, et par des souffrances trop réelles, découragés par l'abandon où les laissent ceux qui devraient les défendre? Ils n'entendent guère que des paroles de haine et d'impiété ; la voix de la raison, de la justice, du patriotisme est la seule qui n'arrive plus jusqu'à eux. Que lisent-ils presque tous ? Des journaux où les blasphèmes les plus grossiers alternent avec les immoralités les plus révoltantes. Que fait-on pour améliorer leur sort ? Des projets de loi qui n'aboutissent jamais. Et quand ils sortent de cette légalité, qui est la seule barrière qu'on leur enseigne à respecter encore, on leur envoie des sous-préfets juifs pour les faire fusiller. Comment veut-on avec tout cela voir revenir la paix sociale ?

ROBERT. Je suis bien de votre avis. Les ouvriers, même imbus des plus dangereuses utopies, sont bien plus à plaindre qu'à blâmer. Les coupables sont ceux qui les trompent.

L'AMI DU PEUPLE. Et ceux qui les laissent tromper. Je ne sais combien de jours ou de mois durera la tourmente sociale, que tout le monde prévoit, et dont nous venons par avance d'énumérer les ruines. Fasse Dieu qu'ils soient abrégés pour l'honneur, la prospérité et l'existence même de notre patrie Mais ce que je sais, c'est que la responsabilité des évènements à venir pèse dès maintenant sur ceux qui pourraient les prévenir et qui ne le font pas.

ROBERT. Quels sont ceux-là ?

L'AMI DU PEUPLE. Ceux qui tolèrent ou provoquent la démoralisation du peuple ; ceux qui lui enlèvent sa foi, ses pratiques et ses libertés religieuses ; ceux qui punissent les délits et les crimes sociaux commis par les humbles et les moins conscients, tandis qu'ils tolèrent les conseils pervers, les excitations malsaines et les apologies scandaleuses dans la bouche ou sous la plume des meneurs.

L'abbé HÉGO

Abbeville, C. Paillart, imprim ur-éditeur.